FACULTÉ DE DROIT DE PARIS.

THÈSE

POUR

LE DOCTORAT

L'ACTE PUBLIC SUR LES MATIÈRES CI-APRÈS SERA SOUTENU

Le mardi 3 mai à 2 heures.

EN PRÉSENCE DE M. L'INSPECTEUR GÉNÉRAL GIRAUD,

PAR

Jean-Alfred-Marie GAVINET

Avocat à la Cour impériale.

DES

SURETÉS RÉELLES DU BAILLEUR D'IMMEUBLES

EN DROIT ROMAIN ET EN DROIT FRANÇAIS.

PRÉSIDENT : **M. PELLAT,**

SUFFRAGANTS { MM. COLMET-D'AAGE, VUATRIN, DUVERGER, VERNET, } Professeurs. agrégé.

Le candidat répondra en outre aux questions qui lui seront adressées sur les autres matières de l'enseignement.

PARIS

IMPRIMERIE DE E. DONNAUD,

9, RUE CASSETTE, 9

1864

A LA

MÉMOIRE DE MON PÈRE

A MA MÈRE

INTRODUCTION.

Lorsque le propriétaire d'un immeuble s'engage à en procurer la jouissance à une autre personne qui lui promet un certain prix en échange, il faut qu'après s'être acquitté de son obligation, il puisse exiger le payement de la dette dont il est créancier. C'est, en effet, un principe reconnu dans le droit de tous les temps, consacré par la législation de tous les peuples, universel comme l'idée de justice qui l'a dicté, que personne ne doit s'enrichir aux dépens d'autrui.

A côté de cette considération d'équité applicable à tous les contrats, il s'en présente une autre toute pratique, plus spécialement relative au louage, et qui vient rendre plus évidente encore la nécessité de donner au bailleur les moyens d'obtenir les loyers ou fermages auxquels il a droit. Plus on accorde au propriétaire d'immeubles de garanties de payement, plus il loue volontiers les biens dont il ne peut pas jouir par lui-même, et plus les gens, trop pauvres pour avoir une maison ou un champ qui leur appartienne, trouvent facilement à se loger et à vivre dans la propriété d'autrui. Il résulte de là une augmentation du bien-être privé, et l'intérêt social, qui n'est que la réunion de tous les intérêts individuels, y trouve aussi son compte. Ainsi donc la justice aussi bien que l'utilité publique et privée font sentir le besoin d'accorder au bailleur les moyens d'assurer la pleine et entière efficacité de sa créance. Ce besoin a trouvé, dans le droit romain et dans le droit français, complète satisfaction. Nous voyons, en effet, qu'à Rome comme en France, le contrat de louage fait naître par lui-même une action personnelle destinée à procurer à chacune des parties les avantages sur lesquels elle a pu et dû légitimement compter. Mais cette garantie naturelle et de droit commun, qui laisse le créancier exposé aux risques de l'insolvabilité de son débiteur, n'est pas la seule par laquelle le bailleur puisse sauvegarder ses droits. Pour s'assurer contre toute éventualité le payement de ses loyers ou fermages, il peut stipuler des sûretés accessoires et exiger, par exemple, soit l'intervention de personnes, soit l'affectation de choses qui lui répondent de la dette. Il n'entre pas dans notre sujet de nous occuper des droits personnels d'obligation qui résultent, soit du louage lui-même, soit d'un cautionnement que les parties y ont ajouté. Le seul but que nous nous proposions dans ce travail, c'est l'étude des droits réels qui peuvent garantir au bailleur l'exécution du contrat. Ces sûretés réelles consistent, en droit romain, dans une hypothèque conventionnelle ou tacite qui frappe certains objets mobiliers du locataire ou fermier. Comme le droit français n'admet pas que les meubles soient susceptibles d'hypothèque, la garantie du propriétaire consiste chez nous dans un privilége. Il y a du reste entre ce privilége et cette hypothèque une grande analogie, ainsi que nous allons le voir par l'étude comparative de ces deux droits, et cela est facile à comprendre, puisque l'un a été le principe et la source de l'autre.

LIVRE PREMIER

De l'hypothèque conventionnelle ou tacite
du bailleur d'immeubles en Droit romain.

—

CHAPITRE I.

Histoire de la création de cette hypothèque. — Détermination des choses auxquelles elle s'applique.

Dans les premiers siècles de Rome, lorsqu'un créancier voulait obtenir de son débiteur une sûreté réelle, il se faisait transférer, par *mancipatio* ou *cessio in jure*, la propriété d'une chose, et s'engageait, en retour, par un contrat accessoire *sub fiducia*, *sub lege remancipationis*, à retransférer au débiteur la propriété de cette chose, s'il était payé à l'échéance. A défaut de payement, il gardait ou vendait l'objet qui lui avait été transmis et dont il était devenu propriétaire.

Cette combinaison procurait, comme on le voit, au créancier la plus complète garantie. Mais elle présentait pour le débiteur de graves inconvénients. Quelque minime que fût la dette, il se trouvait obligé de renoncer à la propriété de sa chose, si grande que fût son importance. Le créancier, il est vrai, qui, à défaut de payement, vendait ou gardait l'objet dont il était nanti, était tenu par l'action *fiduciæ* de restituer l'excédant de la valeur de cette chose sur le montant de la dette. Mais il pouvait arriver qu'il eût, sans attendre l'échéance du terme, vendu l'objet engagé et qu'il fût devenu ensuite insolvable. En présence de ces faits, le débiteur privé de tout recours contre les tiers détenteurs, réduit à une action personnelle contre le créancier, était frappé d'une ruine inévitable. En dehors même de cette hypothèse, à laquelle on pourrait faire le reproche d'exiger pour sa réalisation le concours de circonstances exceptionnelles et anormales, il y a d'autres cas plus simples où les intérêts du débiteur, sans être aussi gravement compromis, sont cependant atteints. Supposons, par exemple, que le créancier ayant reçu son payement, refuse de restituer la propriété de la chose qui lui a été transmise. Le débiteur, qui n'a contre lui qu'une action personnelle, ne peut obtenir qu'une condamnation pécuniaire. Comme l'action *fiduciæ* est une action de bonne foi (Gaius, *Com*. 4, §62), il se fera tenir compte par le juge de l'intérêt matériel, comme de l'intérêt d'affection qu'il a à ce que sa chose lui soit rendue. (Loi 54, princip. *Mandati*, liv. xvii, titre 1.) Mais il lui sera impossible de triompher de la résistance du créancier, et de le contraindre directement à lui retransférer la propriété de l'objet engagé. Or, n'y a-t-il pas certaines choses dont, aux yeux du débiteur, aucune indemnité ne pourra compenser la perte?

Malgré les inconvénients de cette *mancipatio fiduciæ causa*, nous voyons par Gaius et par Paul, qu'elle était encore en usage de leur temps. (Gaius, *Com*. 2, §§ 59 et 61; Paul, *Sent*., liv. ii, ch. 13, § 1-7.) Ce n'est pas toutefois sans modifications que ce mode d'engagement des choses s'est maintenu jusqu'à eux. Gaius, en effet, nous apprend que le débiteur qui, pour donner à son créancier une sûreté réelle, lui a transféré par *mancipatio* ou *cessio in jure* la propriété d'une chose *fiduciæ causa*, peut, s'il a payé la dette et que le créancier ne lui retransfère pas la chose, l'usucaper par un an de possession. Il y a plus : l'*usureceptio* est encore possible, lors même que la dette n'a pas été payée. Mais il faut pour cela que le débiteur n'ait reçu, ni à titre de louage, ni à titre de précaire, la chose qu'il avait transmise au créancier.

La possibilité de recouvrer ainsi par la possession la propriété de l'objet engagé, et d'en conserver la jouissance au moyen d'un précaire ou d'un louage, fut une amélioration notable apportée à la condition désastreuse que la *fiducia* faisait au débiteur. Cette amélioration, il faut, je crois, l'attribuer à l'influence d'une institution plus récente qui, sous le nom de *pignus* ou de gage proprement dit, existait depuis quelque temps déjà dans le droit romain.

A une époque inconnue, il fut admis que le débiteur qui voudrait donner à son créancier une sûreté réelle, au lieu de lui transférer la propriété même de la chose destinée à la garantie de la créance, lui en remettrait seulement la possession. Dans le principe, le *pignus* n'assurait au créancier qu'un droit de rétention jusqu'au payement de la dette; la faculté de vendre la chose engagée ne pouvait résulter à son profit que d'une convention spéciale et expresse (Gaius, *Com.* 2, § 64 ; Loi 6, § 8, *in fine, Com. divid.*, 10, 3, Dig. ; Loi 14, § 5, *De divers. temp. præscrip.*, 44, 3 ; Loi 73, *de Furtis*, 47, 2). Venait-il à perdre la possession du gage, il n'avait pour la recouvrer aucune action réelle ; il ne pouvait invoquer que les interdits *reti-nendæ aut recuperandæ possessionis causa.* Quant au débiteur, resté propriétaire de la chose engagée, il a pour se la faire restituer une action personnelle contre le créancier gagiste, *actio pignoratitia,* et une action réelle, la revendication contre tout détenteur.

D'après les caractères du *pignus,* tels que nous venons de les indiquer, il est facile de comprendre combien cette institution était encore imparfaite. Si le débiteur n'est pas exposé, comme dans la fiducie, à perdre la chose affectée au payement, il lui faut néanmoins se priver de la possession d'objets qui peuvent lui être utiles, et même souvent indispensables. La nécessité de livrer au créancier la possession du gage présente un autre inconvénient : elle épuise hors de toute mesure le crédit du débiteur, puisqu'une même chose, quelle que soit sa valeur, ne peut jamais servir de gage qu'à une seule personne. Enfin le créancier ne trouve pas dans le *pignus* une garantie suffisamment efficace : la possession du gage qui forme sa sûreté, et qu'il est toujours si facile de perdre, n'est protégée par aucune action réelle. Ainsi le contrat de gage était préférable pour le débiteur ; mais le contrat de fiducie offrait au créancier une sécurité plus complète ; et c'est ce qui explique la persistance de cette institution jusqu'au temps de Gaius et de Paul.

Pour concilier les intérêts réciproques des débiteurs et des créanciers, il fallait une combinaison qui réunît les avantages de la fiducie et du gage sans présenter leurs inconvénients. Conserver au débiteur tout à la fois la propriété et la possession des choses affectées à la garantie de sa dette, donner au créancier un droit réel sur ces mêmes objets de manière à assurer sa créance, non-seulement vis-à-vis du débiteur lui-même, mais encore à l'encontre des acquéreurs ou d'autres créanciers, tel était le problème à résoudre. Ce problème nous semble facile, aujourd'hui qu'il est résolu, mais la solution en devait être d'une grande difficulté pour les Romains, que leur respect et leur culte des institutions primitives éloignaient de tout changement qui eût élargi le cercle des contrats et des droits réels reconnus et consacrés par le vieux droit Quiritaire.

Aussi ce ne fut que dans les dernières années de la République, sous l'influence des usages et de la législation grecs, et à propos d'un cas tout spécial, que le progrès fut réalisé par le droit prétorien. Voici à quelle occasion : le propriétaire d'un fonds rural, lorsqu'il l'affermait, se trouvait presque toujours dans l'impossibilité d'obtenir du colon des sûretés réelles pour la garantie du payement des fermages. Le fermier ne peut en effet consentir à ce que ses meubles et ses instruments aratoires fussent l'objet d'un contrat de fiducie ou de gage proprement dit : privé de la possession de ces choses, il ne saurait ni profiter des droits, ni s'acquitter des devoirs qui résultent, à son profit comme à sa charge, du bail qu'il a contracté. D'un autre côté comme les meubles et les instruments de travail sont presque toujours l'unique avoir du colon, le propriétaire de la ferme ne peut se faire donner une garantie sur d'autres biens. Dans ce cas particulier, le préteur Servius décida que, par un simple pacte et sans tradition, le fermier pourrait affecter à la sûreté du bailleur ses meubles et ses ustensiles aratoires, et il donna au propriétaire de la ferme une action réelle, l'action Servienne, qui lui permit de faire valoir son droit de gage contre tout détenteur des objets affectés à la sûreté de sa créance.

Cette innovation donnait une satisfaction trop équitable et trop complète aux exigences opposées des parties, pour qu'on ne l'étendît pas, du cas spécial pour lequel elle avait été introduite, à des circonstances analogues et tout aussi favorables. Les Romains toutefois, avec leur respect des précédents, n'y arrivèrent pas tout d'un coup et sans transition. Ils permirent d'abord au créancier gagiste de laisser au débiteur la possession de la chose engagée en la lui remettant à titre de louage ou de précaire (Gaius, *Com.* 2, § 60 ; Loi 35, §§ 1, et 37, liv. xiii, titre 7, Dig.; Loi 37, liv. xli, titre 2.; Loi 6, § 4, liv. xliii, titre 26). Mais ce tempérament, s'il rendait la *fiducia* et le *pignus* moins onéreux pour le débiteur, laissait subsister les autres inconvénients de ces deux institutions. Une réforme plus radicale était donc nécessaire : cette réforme on la fit. Ce qui n'avait été dans le principe qu'une exception devint une règle générale dans le droit prétorien : tout créancier put désormais, par une simple convention et sans qu'il fût besoin d'aucune tradition, obtenir sur les biens de son débiteur le même droit réel que si on les lui avait remis en gage, et il eut, pour la faire respecter, une action réelle, l'action Quasi-Servienne contre les tiers détenteurs des choses engagées. L'action Quasi-Servienne finit également par appartenir au créancier gagiste :

les jurisconsultes romains ont donc pu dire avec une entière vérité que, sous ce rapport, il n'y a aucune différence entre le gage et l'hypothèque (*Inst.*, liv. iv, titre 6, § 7). Ces deux droits ne diffèrent que par le mode dont ils se constituent : le gage exige la remise de la chose au créancier, l'hypothèque résulte d'un simple pacte, sans tradition.

Nous avons vu tout à l'heure dans quelles circonstances et au profit de quel créancier l'hypothèque fut, pour la première fois, admise dans le droit romain, et nous avons indiqué les extensions qu'elle y reçut dans la suite. Il nous faut maintenant revenir un peu sur nos pas, et rechercher avec soin quels bailleurs ont droit à l'hypothèque, à quelles conditions ils l'obtiennent, et sur quels biens ils peuvent l'exercer.

A l'origine, l'hypothèque n'existait qu'au profit du bailleur d'un fonds rural; elle ne résultait que d'une convention expresse; elle ne grevait que les choses apportées par le colon dans la ferme et affectées par lui au payement des fermages. Justinien nous dit, en effet, dans ses *Instituts*, livre iv, titre 6, § 7, que l'action Servienne, qui n'est que la mise en œuvre de cette hypothèque, s'applique aux choses du colon : *Rebus coloni, quæ, pignoris jure, pro mercedibus fundi tenentur.*

Mais cet état de choses ne fut pas de longue durée. Les propriétaires de fermes prirent de bonne heure l'habitude de se faire engager non-seulement les objets apportés sur le fonds pour le garnir et l'exploiter, mais encore les fruits et les récoltes de l'immeuble. Cette clause devint tellement habituelle qu'on finit par la sous-entendre, et le bailleur eut ainsi, en l'absence même de toute convention, une hypothèque tacite sur les produits du fonds affermé (Loi 61, § 8, livre XLVII, titre 2, D.; Loi 7 princip. livre XX, titre 2, D.)

Cette hypothèque tacite ne fut point étendue aux meubles ou aux instruments aratoires du colon ; cela est dit d'une manière positive par la loi 4, *Princip.* livre XX, titre 2, au Digeste. La loi 5, livre IV, titre 65, au Code, semble au premier abord, il est vrai, donner une décision contraire ; mais, après un examen plus attentif, on reste convaincu que cette contradiction n'existe qu'en apparence : il est en effet facile de reconnaître que le texte suppose une hypothèque conventionnellement accordée, et ce point est admis par tous les interprètes. Quant au motif pour lequel l'hypothèque tacite fut restreinte aux produits de l'immeuble, il est aisé de le comprendre. Lorsque le bailleur put se faire hypothéquer les fruits de la récolte perçus sur le fonds, il n'eut en général plus guère d'intérêt à se faire engager les meubles ou les instruments aratoires du fermier ; l'engagement de ces choses devient un fait exceptionnel, et le défaut de convention expresse fit naturellement présumer que le propriétaire de la ferme n'avait pas compté sur ses objets pour sa garantie.

Il n'en fut point ainsi du bailleur de fonds urbains ; nous voyons, en effet, qu'il a pour la sûreté de sa créance une hypothèque tacite sur les meubles apportés par le locataire et garnissant les lieux loués. Cette hypothèque ne résultait dans le principe que d'une convention formelle; mais comme les parties ne manquaient jamais de la faire, on finit par admettre qu'elles seraient censées avoir consenti réciproquement à cette clause, bien qu'elles n'eussent rien dit à cet égard (Loi 4, *Princip.* livre xx, titre 2, D.; Loi 4, *Princip.*, liv. ii, titre 14, D.). Cela était raisonnable, car le propriétaire de fonds urbain n'ayant d'autre garantie que les meubles de son locataire, avait dû naturellement se les faire hypothéquer.

Cette hypothèque tacite du bailleur sur les choses apportées par le locataire n'eut lieu à l'origine qu'à Rome et dans ses environs; mais elle fut dans la suite appliquée à l'autre capitale et à son territoire, et Justinien l'étendit à toutes les provinces : *Tali enim justa præsumptione etiam omnes nostros provinciales perpetiri desideramus* (Loi 7, Code, liv. viii, titre 15).

Il y a, comme nous venons de le voir, relativement à l'hypothèque, une notable différence entre le bailleur d'un fonds rural et le bailleur d'un fonds urbain. Il importe donc de bien déterminer le sens et la portée de ces deux expressions. Par fonds urbains, on entend, nous dit la loi 198 *de Verb. signif.*, liv. l, titre 16, au Digeste : Tous les édifices, non seulement ceux qui se trouvent dans les villes, mais encore les maisons et les étables situées dans les bourgs ou les fermes, ainsi que les villas d'agrément, *quia urbanum prædium non locus facit, sed materia.* Les jardins attenant aux maisons sont également compris sous la dénomination de fonds urbains. Mais il en serait autrement des jardins de produit et d'une certaine étendue, plantés, par exemple, de vignes et d'oliviers. » Quant aux fonds ruraux ce sont évidemment tous les terrains non bâtis, dans quelque endroit qu'ils soient situés.

Ces définitions toutefois ne doivent pas être prises à la lettre : nous voyons en effet Nératius dans la loi 4, § 1, liv. xx, titre 2, au Digeste, se poser, comme pouvant donner lieu à des doutes, la question de savoir à quelle classe de fonds appartiennent les étables qui ne sont pas contiguës aux bâtiments. La raison de douter est, sans doute, que, d'une part, ces étables, en vertu du principe : *Urbanum prædium non locus facit, sed materia*, peuvent être considérées comme un fonds urbain; et que, d'un autre côté, elles peuvent sembler participer de la nature du fonds rural dont elles sont l'accessoire, au même titre que les jardins attenant aux maisons sont comptés au nombre des fonds urbains. En présence de ces considérations opposées, le jurisconsulte décide que ces étables ne sont pas des fonds urbains, et que cependant, en ce qui concerne l'hypothèque tacite, elles doivent être regardées comme telles.

L'hypothèque du bailleur lui garantit l'exécution de toutes les obligations qui résultent à son profit du louage et pour lesquelles il peut intenter *l'actio locati*. C'est ainsi qu'elle existe non-seulement pour les loyers ou fermages, mais encore pour l'indemnité des détériorations que le preneur aurait causées par sa faute (Loi 2, liv. xx, titre 2, D.).

Voyons maintenant quels sont les objets grevés de l'hypothèque du bailleur? S'agit-il d'une ferme? sont affectées à la garantie du propriétaire, toutes les choses que le fermier a apportées et introduites sur le fonds, si cela a été expressément convenu entre les parties, et, en l'absence même de toute convention, les fruits produits par l'immeuble. Est-ce un fonds urbain qui a été loué, l'hypothèque s'exerce sur tout ce qui a été mis et placé dans les lieux, comme tacitement affecté au payement des loyers. Peu importe du reste, comme le fait observer Nératius et Ulpien après lui (Loi 3, liv. xx, titre 2, D.), que ce soit un magasin, une auberge ou un simple emplacement qui ait fait l'objet du louage.

Il n'y a toutefois de soumises à l'hypothèque que les choses qui ont été apportées dans le fonds pour y rester (Loi 7, § 1, livre xx, titre 2, D.). La loi 32, liv. xx, titre 1, au Digeste, nous en fournit un exemple. Un débiteur est convenu que tout ce qui serait introduit, amené, apporté dans le fonds hypothéqué, et tout ce qui y naîtrait ou y serait fabriqué serait grevé d'hypothèque. Une partie de ses terres étant sans fermier, le débiteur en a remis la culture à l'esclave chargé de la gestion de ses affaires, et a placé sous ses ordres un nombre suffisant d'esclaves. Le jurisconsulte se demande si Stichus, directeur de l'exploitation, ainsi que les autres esclaves chargés des travaux, et les vicaires de Stichus sont hypothéqués au créancier. Et il répond qu'il n'y a d'obligés que ceux-là seulement que le maître a introduits dans le fonds : *Ut ibi perpetuo essent, non temporis causa accommodarentur.*

D'après le même principe, il faudrait décider que le bailleur d'une boutique n'aura pas d'hypothèque sur toutes les marchandises qui y seront apportées, car elles ne doivent pas y rester. Ulpien cependant, dans

la loi 3, liv. xx, titre 2, rapporte et approuve l'opinion de Nératius qui pensait que la convention tacite
d'hypothèque sur les objets apportés par le locataire
doit être admise, même quand c'est un magasin qui a
été loué. Mais je ne crois pas, pour mon compte, qu'il
faille prendre cette décision entièrement à la lettre :
car si, par le fait seul de leur apport dans la boutique,
les marchandises étaient frappées de l'hypothèque, et
si cette hypothèque continuait à les grever même après
leur aliénation et leur sortie des lieux, le commerce
du débiteur se trouverait paralysé. Or, ce résultat
n'est-il pas trop manifestement contraire à l'intention
des parties pour pouvoir être admis? Est-ce à dire toutefois qu'on ne doive reconnaître sur les marchandises
aucun droit au bailleur? Je ne le pense pas davantage, et j'appliquerais ici par analogie de motifs, sinon de situation, la décision donnée par Scévola, loi
34, liv. xx, titre 1, au Digeste. De même que le jurisconsulte, supposant une hypothèque constituée sur un
fonds de commerce, décide que les marchandises qui
se trouvent dans le magasin au moment de la mort
du débiteur sont seules considérées comme hypothéquées au créancier, bien que ce ne soient plus celles
qui garnissaient les lieux lors de la constitution de
l'hypothèque, de même, je déciderais que le droit du
bailleur de la boutique est limité aux marchandises
qui s'y trouvent, au moment où il exerce son droit
hypothécaire.

Il n'y a pas, en général, de distinction à faire, suivant que les choses apportées dans les lieux ont été
affectées à la garantie du propriétaire en vertu d'une

convention expresse ou par le tacite consentement des
parties. Nous voyons cependaut que, dans un cas spécial, cette différence dans la manière dont a été constituée l'hypothèque influe sur les droits du bailleur.
C'est ainsi que, lorsqu'il s'agit d'esclaves, il importe de
savoir si c'est, par suite d'une clause formelle ou bien
par le fait seul de leur habitation sur le fonds, qu'ils
sont engagés au payement des loyers ou fermages.
Dans le premier cas ils ne pourront être affranchis.
Dans le second, l'affranchissement sera possible,
pourvu toutefois qu'il ait lieu avant que les choses
hypothéquées soient saisies par le bailleur : car alors
on ne pourrait plus donner la liberté aux esclaves retenus à titre de gage. Nerva prétendit, il est vrai,
qu'on pourrait leur donner la liberté par la fenêtre,
mais cette décision lui attira les rires et les moqueries
de tout le monde. (Loi 6 et 9, liv. xx, titre 2 D).

Pour qu'une hypothèque soit valablement constituée, il faut que la personne qui la consent soit propriétaire de la chose qu'elle veut engager, et capable
d'en disposer, ou tout au moins qu'elle puisse intenter, relativement à cette chose, l'action Publicienne, si
elle venait à en perdre la possession (Loi 18, liv. xx,
titre 1). La constitution d'une hypothèque sur la chose
d'autrui, dont on n'a pas la disposition, ne peut valoir que si le propriétaire y consent ou la ratifie (Loi
20, princip., liv. xiii, titre 7; Loi 16, § 1, liv. xx,
titre 1). Ces principes, qui s'appliquent incontestable-
ment à l'hypothèque conventionnelle du bailleur de
fonds rural sur les choses apportées par le fermier,
doivent s'appliquer aussi à l'hypothèque tacite du

bailleur de fonds urbain. Les choses apportées par le locataire ne seront donc grevées de l'hypothèque que si elles lui appartiennent, ou si le véritable propriétaire de ces objets consent à ce qu'ils soient affectés au payement des loyers. Nous trouvons la confirmation de cette doctrine dans la loi 5, § 2, liv. xx, titre 2, au Digeste. Une personne hypothèque une chose qui ne lui appartient pas, et le propriétaire de cette chose se porte son fidéjusseur. Par ce cautionnement, dit Marcien, le propriétaire autorise en quelque sorte l'engagement de sa chose. Mais si l'hypothèque avait suivi la fidéjussion, la chose ne serait pas engagée.

Lorsqu'il y a sous-location, les choses apportées par le sous-locataire sont grevées d'hypothèque au profit du propriétaire, jusqu'à concurrence du montant des obligations qu'il a contractées envers le locataire principal. Une convention tacite est censée intervenue à cet égard entre le sous-locataire et le propriétaire lui-même, en sorte que celui-ci profite plutôt du pacte qu'il a fait, que du pacte fait par le locataire principal (Loi 11, § 5, liv. xiii, titre 7). Le bailleur, au contraire, n'aura pas d'hypothèque sur les choses apportées dans les lieux par une personne à laquelle le locataire accorde une habitation gratuite : cette personne n'étant tenue d'aucune obligation n'avait pas de sûretés à donner au bailleur (Loi 5, Princip., liv. xx, titre 2).

Si c'est un fonds rural que le fermier a sous-loué, les fruits de l'immeuble resteront hypothéqués au propriétaire, comme s'ils étaient perçus par le preneur primitif. Quant aux choses apportées sur le fonds, elles

ne seront pas engagées (Loi 24, § 1, liv. xix, titre 2).
Cette différence s'explique aisément. Pour affecter les
fruits au payement des fermages, il suffit du consentement tacite des parties : pour les *res invectæ fundo*, il
faut une convention expresse et dont on ne peut présumer l'existence.

C'est au moment de la perception des fruits que l'hypothèque les frappe; jusque-là en effet ils font partie du
fonds ; ils ne deviennent la propriété du fermier que
lorsqu'il les a perçus (Inst., livre ii, titre 1, § 36;
Loi 61, § 8, livre xlvii, titre 2). De même l'hypothèque
ne commence à grever les choses apportées dans les
lieux qu'à partir de cet apport. Nous en trouvons la
preuve dans la loi 11, § 2, livre xx, titre 4, au Digeste.
Un fermier est convenu que tout ce qui serait amené
ou apporté dans le fonds, et tout ce qui y naîtrait, serait engagé pour la garantie du bailleur. Il a hypothéqué à une autre personne un certain objet avant de
l'apporter dans les lieux. Gaius décide, dans l'espèce,
que celui qui a reçu sur la chose une hypothèque spéciale et non conditionnelle sera préféré au bailleur ;
car ce n'est point en vertu de la première convention,
mais par le fait de leur introduction dans les lieux que
les meubles sont affectés au payement des fermages :
or cette introduction a eu lieu postérieurement à la
constitution de l'hypothèque spéciale.

La loi 9, livre xx, titre 4, prévoit une hypothèse
analogue. Une personne prend à bail une maison de
bains à partir des calendes prochaines, et convient
que l'esclave Éros sera engagé au locateur jusqu'au
payement des loyers. Le même débiteur avant les ca-

lendes de juillet, hypothèque cet Éros à un autre créancier pour l'argent qu'il lui a prêté. Le préteur devra-t-
il protéger le bailleur contre la demande du créancier
qui réclame Éros? Telle est la question que se pose
Africain et il « répond que le locateur doit être protégé.
En effet, bien que l'esclave ait été engagé à une époque
où il n'était encore dû aucuns loyers, il se trouvait cependant dans une position telle que le droit de gage
dont il était grevé ne pouvait être résolu sans le consentement du locateur. Ce dernier doit donc être considéré comme préférable. » — Il semble au premier
abord que ces deux lois contiennent des décisions entièrement opposées. Mais quand on les examine de plus
près, on finit par reconnaître qu'il n'existe entre elles
qu'une contradiction apparente, et qu'en réalité ces
deux textes ne sont point inconciliables. Les espèces
qu'ils prévoient ne sont point, en effet, identiques.
Dans la loi 11, § 2, les parties ne sont convenues que
d'une chose, c'est qu'il y aurait hypothèque sur tout
ce que le fermier apporterait dans les lieux. Au moment de la convention, l'hypothèque ne s'applique directement à aucun objet; son existence, comme son étendue, est subordonnée à l'apport du colon. Celui-ci, qui
était libre de ne rien apporter ou de n'apporter que
des choses sans valeur, a pu, avec la même liberté,
n'introduire dans la ferme que des objets déjà grevés
d'hypothèque. Le bailleur ne saurait se plaindre de ce
droit qui le prime, car il a consenti à n'avoir pour gage
que les choses qui seraient apportées sur le fonds,
telles qu'elles seraient à cette époque, et telles qu'il
plairait au fermier de les donner. Dans la loi 9, *Princ.*,

il n'en est plus ainsi. Éros a été, dès le principe, indi-
viduellement désigné comme objet de l'hypothèque;
c'est sur cet esclave que, dès le premier jour, le propriétaire a compté pour la garantie de son payement;
ce serait donc le tromper dans son attente que de permettre au preneur de grever après coup cet Éros d'un
droit d'hypothèque préférable au sien.

Remarquons en terminant que s'il y a tacite recon-
duction, l'hypothèque continuera à frapper les objets
qui, pendant la durée du bail primitif, répondaient au
bailleur du payement de ses loyers ou fermages (Loi 13,
§ 11, liv. xix, titre 2).

CHAPITRE II.

Voies ouvertes au bailleur d'immeubles pour faire valoir son droit hypothécaire.

L'hypothèque conventionnelle ou tacite qui appartient au bailleur lui confère plusieurs droits : 1° le droit
de faire vendre les choses engagées; 2° le droit de se
faire payer sur le prix par préférence aux autres créanciers; 3° le droit de suite contre les tiers détenteurs.

Le droit de faire vendre la chose, qui n'existait à
l'origine du gage qu'en vertu d'une clause spéciale et
expresse, finit par être sous entendu, et le pacte contraire, *ne vendere liceat*, n'en privait même pas le créancier. Ce *jus vendendi seu distrahendi* se retrouve aussi

dans l'hypothèque et constitue un de ses caractères les plus essentiels.

Lorsque le créancier n'est pas payé à l'échéance, il fait connaître au débiteur, par une dénonciation, l'intention où il est de vendre la chose ; et si elle n'est pas dégagée, il procède lui-même à la vente. Dans l'ancien droit, il fallait trois dénonciations préalables (*Sent. Paul.*, liv. II, titre 5, § 1). D'après une constitution de Justinien, une seule dénonciation suffit, à moins qu'il n'ait été convenu que le gage ne serait pas vendu (Loi 4, liv. XIII, titre 7, D. et loi 3, § 11, Code, liv. VIII, titre 34). Avant Justinien, la vente suivait immédiatement la sommation de payer ; depuis cet empereur, elle ne peut avoir lieu que deux années plus tard. S'il ne se présentait pas d'acheteur solvable, le créancier pouvait autrefois se faire adjuger la chose engagée après une *proscriptio publica*, et dans ce cas le débiteur avait encore, pendant une année, le droit de la dégager (Loi 3, *Princ.* liv. VIII, titre 34). Sous Justinien, cette vente publique n'existe plus, et le créancier peut, après une nouvelle sommation de payer faite au débiteur et restée sans effet, se faire adjuger par le prince la propriété du gage ; mais alors le débiteur conserve pendant deux ans encore la faculté du retrait (Loi 3, §§ 2 et 6).

Toutes ces formalités avaient le grave inconvénient de retarder au delà de toute mesure la réalisation du gage ; aussi était-il permis aux parties de régler elles-mêmes les conditions de la vente ; et il est à présumer qu'elle fut rendue plus facile et plus prompte relativement aux choses sur lesquelles le bailleur avait son hypothèque.

Le droit de préférence est le droit qui appartient à un créancier, lorsqu'une même chose a été hypothéquée successivement à plusieurs personnes, de se faire payer sur le prix de cette chose avant les autres créanciers. Ce droit est de la plus grande importance, on le comprend aisément, lorsque la valeur de l'objet engagé ne peut suffire à désintéresser tout le monde La règle du droit romain, c'est que le rang des gages ou hypothèques se détermine par la date de leur établissement. *Prior tempore potior jure,* tel est le principe développé par les fragments du Digeste au titre *qui potiores,* liv. xx, tit. 4, et dans les lois du Code sous la même rubrique, liv. viii, tit. 18. Rappelons ici la double application que nous avons trouvée de cette maxime dans les lois 9, *Princip.*, et 11, § 2, liv. xx, titre 4, au Digeste.— Il y a toutefois certaines hypothèques qui, par exception et indépendamment de leur date, jouissent d'un droit spécial de préférence, qui prennent rang non d'après l'époque de leur établissement, mais d'après le degré de faveur qu'elles méritent, et qui priment ainsi même les hypothèques établies avant elles . Telles sont notamment : 1° l'hypothèque du fisc sur les biens des contribuables et de ses administrateurs ; 2° l'hypothèque de la femme mariée pour la sûreté du recouvrement de sa dot ; 3° l'hypothèque des créanciers dont l'argent à servi au débiteur à acquérir, à réparer ou à conserver dans son premier état la chose hypothéquée à d'autres.

Ces hypothèques privilégiées primeront l'hypothèque du bailleur, comme elles priment l'hypothèque des autres créanciers. Remarquons enfin que les frais funéraires seront prélevés sur le prix des objets apportés dans les lieux, avant les loyers ou fermages dus au propriétaire (Loi 14, § 1, livre xi, titre 7, Dig.).

Après ces courtes observations sur les deux premiers droits dont jouit le bailleur, à titre de créancier hypothécaire, nous arrivons au droit de suite qui est la garantie, la sanction, et comme la mise en œuvre des deux autres. Le droit de suite est le droit qui appartient à tout créancier ayant une hypothèque, d'agir contre tout détenteur de l'objet engagé, afin de s'en faire remettre la possession et de pouvoir le vendre pour se payer sur le prix. Si le détenteur est lui-même un créancier hypothécaire, mais d'un rang inférieur, on comprend aisément dans quel sens on peut dire que le droit de suite prépare et assure l'exercice du droit de préférence. Pour donner au droit de suite pleine efficacité, la législation romaine accorde aux créanciers hypothécaires, et notamment au bailleur, plusieurs moyens de le faire valoir. Ces moyens sont, d'une part, l'action Servienne et Quasi-Servienne et, de l'autre, l'interdit Salvien. Ce sont ces deux voies de recours ouvertes au bailleur qu'il nous reste maintenant à étudier pour terminer notre travail.

PREMIÈRE SECTION.

De l'action Servienne.

L'action Servienne est une action réelle, établie par le droit prétorien, et introduite au profit du bailleur d'un fonds rural relativement aux choses engagées par le colon pour la sûreté du fermage (*Inst.*, liv. iv, titre 6, § 7).

L'époque précise où cette action fut créée ne nous est point connue, nous ignorons en effet à quelle date il faut placer l'existence du préteur Servius qui lui donna son nom. On a soutenu quelquefois que ce préteur n'était autre que Servius Sulpicius, contemporain de Cicéron et jurisconsulte éminent. Mais cette opinion n'est plus admise aujourd'hui, et l'on est généralement d'accord pour reconnaître à l'action Servienne une origine plus reculée. A l'appui de cette doctrine, on peut d'abord invoquer cette phrase de Caton : *quæ in fundo illata erunt pignori sunto*, de laquelle il résulte que l'usage de faire engager par le fermier les choses apportées par lui sur le fonds existait déjà de son temps chez les Romains (*De Re rustica*, 146). Or n'est-il pas certain, ainsi que nous l'avons démontré, que l'engagement de ces choses eût été impossible si la fiducie et le gage proprement dit eussent été les seuls moyens connus à cette époque de constituer des sûretés réelles ? Une autre observation non moins décisive, c'est que Cicéron lui-même, dans son plaidoyer pour Muréna, n° 20, nous dit que son client, préteur en même temps que Servius Sulpicius, fut chargé de la fonction *juris dicendi*, tandis qu'à ce dernier échut la direction de la *quæstio peculatus, tristis et atrox*, comme dit l'orateur, *ex altera parte lacrymarum et squaloris, ex altera plena catenarum atque indicum*.

Ajoutons enfin que Cicéron dans ses lettres, *ad Familiares* (XIII, 56), parle de l'hypothèque comme d'une institution existante. Or, puisque l'hypothèque ne fut,

on le sait, que la généralisation d'un droit accordé
d'abord exclusivement au bailleur d'un fonds rural, on
peut affirmer sans crainte que l'action Servienne destinée à sanctionner ce droit existait à Rome longtemps
avant l'hypothèque et à une époque, par conséquent,
antérieure à Servius Sulpicius.

La formule de l'action Servienne ne nous est point
parvenue ; nous savons seulement qu'elle était *in
factum* et arbitraire (*Inst.*, L. 4, tit. 6, § 31).

Le but que se proposait le bailleur en l'exerçant
était de faire reconnaître le droit d'hypothèque qui
garantissait sa créance, et par suite d'obtenir la pos-
sesion des choses engagées (Loi 16, § 5, liv. xx, tit. 1 ;
Loi 66, princip. liv. xxi, 2, D.).

L'action Servienne était intentée contre le possesseur,
quel qu'il fût, des objets grevés d'hypothèque, soit le
débiteur lui-même, soit une personne ayant hypothè-
qué sa chose pour sûreté de la dette d'autrui, soit un
créancier postérieur, soit enfin un tiers.

Pour réussir dans sa demande, le bailleur a plusieurs
choses à prouver. Il doit d'abord établir son droit de
créance et son droit d'hypothèque (Loi 10, C., liv. iv,
titre 24 ; loi 1, C., liv. iii, titre 33.) Il lui faut ensuite
démontrer que le défendeur se trouve en possession de
la chose engagée, ou que s'il ne la possède plus, c'est
frauduleusement qu'il a cessé de la détenir (Loi 16,
§ 3, liv. xx, titre 1, D.). Mais cette double preuve n'est
pas toujours suffisante. Agit-il contre un créancier ayant
sur la chose ou un droit de gage ou un droit d'hypothèque, celui-ci lui opposera une exception tirée de la
sûreté réelle dont sa créance est également investie ; et

alors le bailleur devra, dans sa réplique, prouver son droit de préférence (Loi 12, *Princip.*, liv. xx, titre 4).

Est-ce un tiers détenteur qu'il attaque, il lui faudra démontrer que le débitenr ou celui qui a constitué l'hypothèque avait sur les choses un droit suffisant pour les engager (Loi 23, liv. xxii, titre 3 ; loi 3, *Princip.*, et loi 15, § 1, liv. xx, titre 1; loi 18 et loi 21, § 1, Dig. *eod.*). Remarquons sur ce point que si le constituant n'était point propriétaire de la chose engagée, de telle sorte qu'il n'aurait eu pour le revendiquer que l'action Publicienne, l'action Servienne devenait une action *fictice* (Loi 18).

Nous avons vu tout à l'heure que le créancier défendeur à l'action Servienne pouvait, au moyen d'une exception tirée du droit de gage ou d'hypothèque qui lui a été consenti sur la chose, rejeter sur son adversaire le fardeau de la preuve de l'antériorité du droit qu'il invoque. Mais la plupart du temps les choses ne se passeront pas ainsi, et le défendeur invoquant dès l'abord la priorité de sa garantie réelle au moyen de l'exception : *Si non mihi ante pignori hypothecæve nomine sit res obligata*, se trouvera dans la nécessité de prouver lui-même son droit de préférence. Cette exception n'appartient pas seulement au créancier dont le droit est préférable en raison de sa date à celui du demandeur ; elle sert aussi de défense à la personne qui est devenue son ayant cause par suite d'une vente, par exemple (Loi 12, *Princip.*, et § 7, liv. xx, titre 1).

Bien que ce soit contre le colon ou son héritier seulement que l'action personnelle pour le payement des fermages se trouve réunie à l'action réelle, le défendeur à l'action Servienne, quel qu'il soit, débiteur ou simple tiers détenteur, peut en payant la dette éviter de restituer les objets engagés (Loi 16, § 3, liv. xx, titre 1 ; loi 2 et 12, § 1, liv. xx, titre 6 ; loi 19, Code, liv. iv, titre 32). Mais s'il n'exécute pas l'*arbitrium* du juge par la restitution de la chose hypothéquée ou le payement de la dette, il est condamné à une somme déterminée d'après l'intérêt du demandeur. Prononcée contre le débiteur lui-même, cette condamnation ne peut dépasser le montant de la dette ; est-ce un tiers détenteur qui l'a encourue, elle peut au contraire s'élever bien au delà ; mais alors le créancier est tenu de restituer à celui qui a constitué l'hypothèque ce qu'il a reçu en sus du montant de sa créance (Loi 16, §§ 3 et 6 ; loi, 21, § 3, Dig. liv. xx, titre 1).

Faisons observer en terminant que le défendeur à l'action Servienne, lorsque ce n'est pas le débiteur lui-même, peut opposer au bailleur une exception de dol pour se faire céder les droits de ce créancier qu'il désintéresse (Loi 19, liv. xx, titre 4).

Nous avons indiqué dans le chapitre précédent comment le droit prétorien finit par étendre l'action Servienne de l'hypothèse spéciale pour laquelle elle avait été créée, à tous les cas où des sûretés réelles étaient promises aux créanciers. Dans cette application nouvelle, en dehors de sa sphère primitive, l'action Servienne reçut une dénomination différente : on l'appela Quasi-Servienne ou hypothécaire. Mais ce changement de nom n'exerça sur sa nature, son caractère et son but aucune influence : elle demeura soumise aux mêmes principes : ce fut toujours la même action. Les règles que nous avons exposées à propos de l'action Servienne et de l'hypothèque conventionnelle du bailleur d'un fonds rural sur les objets apportés par le colon dans la ferme, sont donc également applicables à l'action Quasi-Servienne et à l'hypothèque tacite du bailleur d'un fonds rural sur les fruits, et du bailleur d'un fonds urbain sur les meubles garnissant les lieux. Nous n'avons pas par conséquent besoin d'y revenir.

La seule observation qu'il nous reste à faire, c'est que Théodose le Jeune soumit à la prescription de trente ans l'action hypothécaire contre le tiers détenteur ; mais cette action resta imprescriptible contre le débiteur lui-même ou son héritier jusqu'à Justin, qui la soumit pour ce cas à la prescription de quarante ans, de sorte qu'elle dure encore dix ans après l'action personnelle (Liv. vii, § 1, Code 7, 39). Enfin Justinien introduisit dans l'intérêt du tiers détenteur le bénéfice de discussion préalable en vertu duquel il ne peut être poursuivi qu'après le débiteur ou sa caution (Novel. 4, chap. 2).

DEUXIÈME SECTION.

De l'interdit Salvien.

A côté de l'action Servienne et tendant au même but, le droit prétorien avait établi au profit du bailleur d'un fonds rural un interdit destiné à lui faire obtenir la possession des choses que le fermier avait affectées à la sûreté des obligations résultant du bail (*Inst.*

liv. iv, titre 15, § 5, *in fine* ; Gaius, *Com.* 4, § 147. — Loi 2, § 5, liv. xliii, titre 1, Dig.). Cet interdit c'est l'interdit Salvien. Il y a peu de sujets dans la législation romaine qui présentent plus de difficultés, et sur lesquels de plus vives et de plus nombreuses controverses se soient de tout temps élevées. Depuis les plus anciens commentateurs jusqu'aux interprètes les plus modernes du droit romain, nous voyons en effet les systèmes succéder aux systèmes, les hypothèses faire place aux hypothèses, sans que la lumière parvienne à se dégager. Cela du reste n'a rien qui doive nous surprendre ; nous ne trouvons dans le *Corpus juris* que deux titres, l'un au Digeste (liv. xliii, titre 33), l'autre au Code (liv. viii, titre 9), qui s'occupent de l'interdit Salvien, et dans ces deux titres, que trois lois qui s'y réfèrent. La rareté de ces documents et l'insuffisance de ces sources font que sur bien des points on est réduit à de simples conjectures.

Et d'abord à quel préteur attribuer la création de l'interdit Salvien ? Selon Cujas, elle vient de Salvius Julianus, jurisconsulte célèbre du temps d'Adrien, qui composa l'édit Perpétuel. Mais cette opinion, malgré l'autorité de son auteur et le nombre des partisans qu'elle a depuis rencontrés n'est plus admise aujourd'hui, car elle ne repose que sur un argument sans valeur. L'identité de noms n'est point, en effet, une raison suffisante, puisque rien ne nous prouve que de tous les préteurs qui se succédèrent à Rome, Julianus soit le seul qui se soit appelé Salvius. Si l'on se reporte au contraire à la loi 1, liv. xliii, titre 33, au Digeste, on y voit Julianus s'occuper d'un cas où l'interdit Salvien ne s'applique qu'à titre d'interdit utile. Or, si dès cette époque l'interdit Salvien sortait de sa sphère primitive, pour s'étendre à des circonstances originairement en dehors de son action, c'est qu'il existait depuis assez longtemps déjà, et qu'une pratique ancienne avait fait reconnaître l'insuffisance de l'interdit direct, et le besoin de combler les lacunes que son application laissait subsister. Ainsi donc l'établissement de l'interdit Salvien est antérieur à Servius Julianus.

Mais a-t-il précédé la création de l'action Servienne? C'est là une question fort obscure et sur laquelle il est impossible d'arriver à rien de positif et de certain. Ce n'est pas du reste à propos seulement de l'interdit Salvien que le concours d'un interdit et d'une action fait naître des difficultés ; les mêmes doutes s'élèvent quand on voit l'interdit *quorum bonorum* et l'interdit Fraudatoire exister en même temps que la *possessoria hereditatis petitio* et l'action Paulienne. — Dans un premier système, M. de Savigny prétend que l'interdit Salvien est antérieur à l'action Servienne. La *fiducia* et le *pignus* proprement dits étant à l'origine les seuls moyens offerts aux créanciers pour se faire donner par leurs débiteurs des sûretés réelles, le bailleur se trouvait dans l'impossibilité d'obtenir du colon l'engagement des choses qu'il apportait dans la ferme. Pour remédier à cet inconvénient, le préteur décida, que si les parties convenaient d'affecter les choses apportées dans les lieux à la garantie des fermages, le bailleur pourrait, au moyen d'un interdit, se faire mettre en possession de ces objets s'il n'était pas payé à l'échéance. Cet essai répondait trop aux besoins du moment pour ne pas être favorablement accueilli. Aussi le préteur persista dans cette voie, et s'enhardissant peu à peu, il finit par donner au bailleur, non plus seulement un interdit, mais encore une action.

Dans une seconde opinion, M. du Caurroy soutient au contraire que l'interdit Salvien n'a point été l'origine et le point de départ de l'action Servienne. Ce ne fut, selon lui, que lorsque cette action cessa d'être le privilége exclusif du bailleur d'un fonds rural, et que sous le nom de Quasi-Servienne, elle appartint au créancier quelconque qui s'était fait donner par un pacte une sûreté réelle, que le préteur, pour conserver au propriétaire de fermes un certain avantage, créa à son profit l'interdit Salvien. — Il est très-difficile de se faire sur cette question d'histoire, en l'absence de tous documents qui s'y réfèrent, une opinion arrêtée. Nous croyons cependant que le premier système, explique d'une manière plus plausible et plus vraisemblable la marche qu'a suivie le préteur pour arriver de la création des interdits à l'établissement des actions. Un point, en effet, sur lequel on est généralement d'accord, c'est que l'interdit *quorum bonorum* remonte à une époque où la *possessoria hereditatis petitio* n'existait pas encore dans le droit romain. De même l'interdit Fraudatoire est antérieur à l'action Paulienne. Pourquoi donc n'admettrait-on pas également que l'interdit Salvien a précédé l'institution de l'action Servienne?

Il paraît d'ailleurs singulier que le préteur voulant, après la généralisation de cette action, remplacer par un autre avantage le privilége que le bailleur venait de perdre, n'ait rien trouvé de mieux que de lui donner un interdit, dont le seul bénéfice est de lui assurer le rôle de défendeur dans les procès qui s'élèveront plus tard. L'insuffisance de cette compensation n'est-elle pas une preuve qu'on ne peut expliquer par cette idée l'établissement de l'interdit Salvien ?

Quelle que soit, du reste, l'opinion qu'on adopte, il faut reconnaître que l'interdit Salvien et l'action Servienne, quoique concourant au même but, restèrent l'un et l'autre en usage. Cette coexistence nous montre que ces deux moyens judiciaires ne faisaient point double emploi, et qu'ils avaient chacun leur utilité respective : l'interdit, comme voie possessoire, l'action comme voie pétitoire.

L'interdit Salvien est un interdit *adipiscendæ possessionis ;* plusieurs textes que nous avons cités le disent positivement. Mais comme sa formule ne nous est point parvenue, et que le préteur pouvait faire obtenir au propriétaire de la ferme la possession des objets engagés, soit en ordonnant au détenteur de ces choses de les restituer, soit en lui défendant de s'opposer par violence à ce que le bailleur les enlève, c'est une question controversée que de savoir s'il était *restitutoire* ou *prohibitoire.* L'intérêt de cette question est un intérêt de procédure.[Lorsque l'interdit n'avait pas mis fin à la contestation, il y avait lieu à une instance pour laquelle le magistrat renvoyait les parties devant un juge, chargé d'examiner si la défense ou l'ordre du préteur avait été respecté ou non. Cette instance pouvait se présenter sous deux formes : tantôt elle était accompagnée de stipulations et de contre-stipulations qui, au danger de perdre le procès lui-même, ajoutaient celui de payer une somme plus ou moins forte : on disait, alors que les parties plaidaient *cum periculo* ou *cum pœna*. Tantôt, au contraire, elles plaidaient *sine periculo* ou *sine pœna* (Gaius, *Com.* 4, § 141). On plaidait toujours *cum periculo* à la suite des interdits prohibitoires ; dans les interdits restitutoires ou exhibitoires, on pouvait, au contraire, plaider à son choix, *cum pœna* ou *sine periculo*. Pour plaider *sine periculo*, les parties n'ont, en effet, qu'à se faire délivrer *in jure*, par le préteur une formule arbitraire en vertu de laquelle, au moyen de l'adjonction de ces deux mots : *nisi restituat, nisi exhibeat*, le juge reçoit le pouvoir, s'il reconnait le bon droit du demandeur d'arbitrer et d'ordonner par un *jussus* préalable ce qui doit être fait pour le satisfaire. Si cette satisfaction est donnée, le défendeur est absous, sinon il est condamné aux dommages-intérêts. Mais, dans tous les cas, aucun des plaideurs ne court ici le risque d'une peine semblable à celle de la procédure *per sponsionem* (Gaius, *Com.* 4, § 162-165).

Cujas, Hotman, et après eux la plupart de nos anciens jurisconsultes décidaient que l'interdit Salvien est *restitutoire*; mais, aujourd'hui, l'opinion commune est qu'il faut le compter au nombre des interdits *prohibitoires*. En faveur de cette doctrine, on peut faire remarquer que les interdits qui précèdent immédiatement au Digeste l'interdit Salvien, l'interdit *Utrubi* et l'interdit de *Migrando*, par exemple, sont l'un et l'autre des interdits prohibitoires. Ajoutons que la loi 52, § 2 *De acquir. vel amitt. posses.*, livre xLI, titre 2, au Digeste, dit qu'une des manières de mettre quelqu'un en possession d'une chose c'est d'empêcher qu'on oppose la violence à son entrée en possession, et que cela vaut bien mieux que l'ordre de restituer. Il est donc probable que le préteur n'aura pas fait de l'interdit Salvien un interdit restitutoire.

L'interdit Salvien est donné au bailleur d'un fonds rural; peu importe, du reste, qu'il soit propriétaire, usufruitier ou simple possesseur de bonne foi de l'immeuble affermé. Mais, cet interdit n'a-t-il point été par la suite étendu sous le nom de Quasi-Salvien à d'autres créanciers, comme, par exemple, au bailleur d'un fonds urbain? Depuis Cujas on l'a souvent prétendu; nous ne croyons pas, quant à nous, que cette opinion puisse être adoptée, car elle ne trouve aucun appui sérieux dans les textes, et aucune raison plausible ne vient la justifier. Et d'abord occupons-nous des textes : la première loi qu'on invoque est la loi 2, § 3, *De interd.*, liv. XLIII, titre 1, au Digeste. Elle dit, en effet, en parlant de l'interdit Salvien, qu'il s'applique aux choses données en gage. Faut-il conclure de là qu'il n'est pas exclusivement attribué au bailleur d'un fonds rural? Cela n'est pas admissible : ce serait donner aux expressions du texte une portée qu'elles n'ont pas. Le but de cette loi est d'énumérer les différents interdits, et non de déterminer les objets auxquels ils s'appliquent. Si donc, à propos de l'interdit Salvien, Paul se sert d'un mot inexact, cela ne peut tirer à conséquence, et l'on doit raisonnablement supposer que, sous cette dénomination de *pignora*, il n'y a de comprises, dans la pensée du jurisconsulte, que les choses qui sont le gage du bailleur.

L'argument qu'on prétend tirer du § 16, livre v, titre 6, des *Sentences* de Paul, n'est pas plus décisif. Nous voyons dans ce texte que l'hypothèque générale, constituée sur tous les biens présents et à venir, ne s'applique point à certaines choses, et que relativement à ces choses, il n'y a pas d'interdit. Selon nos adversaires c'est de l'interdit Salvien qu'il s'agirait dans ce passage. Mais alors pourquoi ne pas admettre également que le débiteur dont il est question est un individu fermier d'un fonds rural ?

On nous oppose maintenant la loi 1, Code *de Precario et Salv. interd.*, livre viii, titre 9. Voici comment elle est conçue : « Si vous n'avez pas fait remise de votre gage, et que votre débiteur vende les choses qui lui sont engagées, vous conserverez le droit de les poursuivre non pas par l'interdit Salvien *qui ne peut s'intenter que contre le locataire ou le débiteur*, mais par l'action Servienne ou par l'action utile, créée à son exemple, et que vous exercerez contre l'acheteur. » Ce texte, dit-on, prouve jusqu'à l'évidence que le bailleur d'un fonds rural n'a pas le privilége exclusif de l'interdit Salvien. Il s'agit, en effet, dans l'espèce, d'un créancier quelconque ayant une hypothèque, et si on lui refuse l'interdit, c'est uniquement parce qu'il veut l'intenter contre un tiers acquéreur. Cette objection n'est pas embarassante : pourquoi le créancier ne peut-il se prévaloir ici de l'interdit Salvien ? C'est précisement parce qu'il n'est pas créancier en vertu d'un bail de bien rural. Peu importe dès lors qu'il veuille agir contre le débiteur lui-même ou contre un tiers acquéreur des choses hypothéquées. Il n'y a rien à conclure contre cette doctrine dù mot *debitorem,* qui n'est qu'une simple redondance de style, et désigne uniquement le colon, débiteur en vertu du louage. Quant à la particule *ve* qui suit le mot *debitorem,* nous voyons par la loi 53, *Princ. de Verb. signif.,* livre L, titre 16, le peu d'importance qu'il faut y attacher.

Enfin un dernier argument se tire de la loi 3 au code, livre VIII titre 14. Les créanciers, dit ce texte, qui, à défaut de payement, et d'après la loi du contrat, se mettent en possession, ne paraissent pas agir par violence : cependant, ils doivent obtenir du magistrat l'envoi en possession. Selon nos adversaires, il n'est question ici que de l'interdit Salvien, et comme la loi ne distingue pas entre les créanciers, c'est la preuve qu'il appartient à tous. Nous ferons à cet argument une réponse bien simple, mais qui nous paraît péremptoire : pour obtenir cet envoi en possession, les créanciers ont l'action hypothécaire : la loi 66, livre XXI, titre 2, nous dit en effet : *Hæc et si in rem actio sit, nundum tamen possessionem avocat.* Pourquoi dès lors supposer que la loi 3 se réfère à l'interdit Salvien ?

En resumé, de tous les textes que nous venons de parcourir, il n'y en a aucun d'où l'on puisse faire résulter la preuve que l'interdit Salvien appartienne à d'autres créanciers qu'au bailleur d'un fonds rural. Si maintenant l'on cherche à expliquer pourquoi l'interdit Salvien ne reçut pas la même extension que l'action Servienne, il est facile d'en donner la raison. Sans l'interdit Salvien, le bailleur d'un fonds rural se trouvait, à l'origine, dans l'impossibilité de se faire nantir des objets affectés à la sûreté de sa créance. Le bailleur d'un fonds urbain, quoique dans une position analogué, n'avait pas besoin, au contraire, de l'interdit : car il pouvait en fermant les portes de sa maison, retenir à titre de gage les choses hypothéquées (loi 9, liv. xx, tit. 2). Quant aux autres créanciers, ils doivent s'imputer de ne pas s'être fait nantir des objets qui leur répondent du payement de la dette.

L'interdit Salvien s'applique aux choses du colon engagées par une convention expresse à la garantie des fermages. Comme l'interdit n'a pour but de décider qu'une simple question de possession, le demandeur n'est pas tenu, comme dans l'action Servienne, de prouver que les choses engagées sont la propriété du fermier.

Pour que les choses du colon soient soumises à l'interdit Salvien, il faut qu'elles aient été apportées dans le fonds, et apportées pour y rester à demeure. L'action Servienne, au contraire, s'exerce non-seulement sur les choses *invectæ et illatæ fundo*, mais encore sur celles qui ont été simplement engagées à la sûreté du propriétaire ; cela est incontestable, du moment où l'on admit la constitution d'une garantie réelle par une simple convention.

L'interdit Salvien s'applique également aux choses qui sont nées sur le fonds, commé les fruits, le croît des animaux et le part des esclaves. Nous voyons en effet dans la loi 1 *Princip.*, livre XLIII, titre 33, au Digeste, que si le colon a placé sur le fonds une esclave, à titre de gage, et l'a ensuite vendue, l'enfant qui naît d'elle chez l'acheteur pourra être reclamé au moyen d'un interdit Salvien utile. Mais ce texte est en contradiction avec la loi 29 § 1, livre xx, titre I, au Digeste, d'après laquelle l'enfant, né d'une esclave grevée d'hypothèque, n'est lui-même hypothéqué que si sa mère est accouchée chez le débiteur qui avait constitué l'hypothèque. Pour concilier ces deux textes, on peut dire d'abord qu'il y avait, sous ce point de vue, quelque chose de particulier pour le bailleur d'un fonds rural. On peut enfin lever la difficulté en faisant remarquer que les deux espèces prévues par Paul et Julien ne sont pas identiques : dans le premier cas, l'enfant avait été conçu chez le débiteur ; dans le second cas, au contraire, la naissance comme la conception avaient eu lieu chez le tiers acquéreur.

Il n'est pas douteux que l'interdit Salvien s'exerce contre le fermier : mais c'est une question controversée que de savoir si les tiers détenteurs des objets engagés y sont eux-mêmes soumis ? Les Instituts de Gaius et de Justinien ne s'expliquent pas sur ce point. Cependant Théophile, l'un des rédacteurs des Instituts, dit positivement dans sa Paraphrase que l'interdit Salvien est donné contre tout possesseur des choses hypothéquées : *Adversus quemvis res coloni possidentem interdicto Salviano dominus experiri poterit*. Et ce système est confirmé par la loi 1, *Princip.*, et § 1, liv. xliii, titre 33, au Digeste. Dans le *Principium*, en effet Julien accorde contre un tiers acquéreur l'interdit utile, et dans le § 1 il s'exprime ainsi : *Adversus extraneum Salviano interdicto recte experientur*.

Mais il semble résulter de la loi 1, Code *de Prec. et Salv. interd.*, liv. viii, titre 9, que l'interdit Salvien ne peut être exercé contre d'autres que le colon lui-même ; et que si les objets engagés ont passé entre les mains des tiers, il faudra recourir à l'action Servienne ou Quasi-Servienne. Se fondant sur ce texte, Cujas et de nombreux auteurs après lui ont soutenu que si, à l'origine, l'interdit Salvien était donné contre les tiers, il n'en était plus ainsi dans le dernier état du droit romain. Malgré l'autorité de ces jurisconsultes, nous croyons que l'interdit Salvien pouvait être intenté contre tout détenteur des choses hypothéquées. L'avis de Théophile doit être pris ici en grande considération, et quant à la loi 1, liv. viii, titre 9, au Code, on peut la concilier facilement avec la décision contenue dans la loi 1, liv. xliii, titre 33, au Digeste. Rien ne prouve, en effet, que le créancier dont il est question dans le rescrit de Gordien soit un bailleur de fonds rural ; et alors si l'interdit ne lui est point accordé, ce n'est pas parce qu'il veut l'intenter contre un tiers, mais parce que n'étant pas *locator fundi*, il ne peut y avoir droit.

Ainsi donc le propriétaire de la ferme peut agir par l'interdit Salvien contre les tiers, aussi bien que contre le fermier lui-même. Mais les tiers sont-ils indéfiniment exposés, comme le colon, à la poursuite du bailleur ? Quelques auteurs ont proposé à cet égard la distinction suivante : si le tiers détenteur a reçu du fermier les choses engagées, il est toujours soumis à l'interdit ; s'il n'est point au contraire, quant à la possession, le successeur ou l'ayant cause du fermier, il n'est soumis à l'interdit Salvien que pendant le temps durant lequel le colon peut intenter avec succès contre lui l'interdit *Utrubi* relativement aux meubles qu'il possède. Cette distinction ne nous paraît pas admissible. Le créancier gagiste ordinaire qui vient à perdre la possession du gage ne peut s'y faire maintenir par l'interdit *Utrubi* qu'à condition d'avoir possédé, pendant la majeure partie de l'année qui vient de s'écouler. Le bailleur d'un fonds rural, dispensé de la condition de possession, quant aux choses qui forment sa sûreté, ne doit pas avoir plus de droit que le créancier gagiste ordinaire ; il ne pourra donc se prévaloir de l'interdit Salvien que dans la mesure où l'interdit *Utrubi* pourrait être invoqué par un créancier gagiste.

Demandons-nous, maintenant, qu'elle était la question que l'interdit Salvien avait pour résultat de décider. Selon M. de Savigny, c'était l'affaire au fond. Mais l'opinion commune est qu'il n'y avait de résolu que la question de possession ; et cette doctrine nous paraît la seule raisonnable. Si l'on admet, en effet, que, dans la procédure de l'interdit, on arrive à un jugement sur le fond du droit, comment expliquer la qualification d'*adipiscendæ possessionis* donnée à l'interdit Salvien ? Comment surtout trouver une raison plausible pour n'en accorder l'exercice au bailleur que dans le cas où il n'a jamais eu la possession de la chose qu'il réclame aujourd'hui ? A côté de ces considérations bien simples, et qui ont cependant leur valeur, nous pouvons ajouter des arguments fondés sur des textes, et qui viennent prêter à notre système un nouvel et plus solide appui.

Ulpien, dans la loi 21, *Princip.*, liv. xx, titre 1, Dig., suppose qu'un fermier et l'intendant du propriétaire d'un fonds rural sont convenus que certaines choses seraient engagées à la sûreté des fermages. Et il décide que si le bailleur avait donné mandat, ou s'il ratifie, la convention d'hypothèque aura le même effet que si elle était intervenue entre lui et le colon. D'un autre côté, nous voyons dans la loi 11, § 6, liv. xiii, titre 7, Dig., le même jurisconsulte poser en principe qu'on ne peut acquérir l'hypothèque *per liberam personam adeo ut ne per procuratorem plerumque vel tutorem acquiratur.* Et la même doctrine se trouve encore formellement écrite dans la loi 15, liv. viii, titre 14 au Code. Une manière très-simple de concilier ces textes, c'est de dire que, dans la loi 21, il ne s'agit que de l'interdit Salvien; et comme cet interdit n'est relatif qu'à la possession, et que la possession s'acquiert très-bien *per extraneam personam*, la décision d'Ulpien se trouve ainsi parfaitement justifiée. Dans la loi 11, au contraire, le jurisconsulte s'occupe de l'action hypothécaire, et il donne une solution différente. Le mot *plerumque* semble, il est vrai, indiquer que le principe posé par Ulpien souffrait quelques exceptions. Mais c'est là une correction faite par Tribonien pour mettre sur ce point le droit ancien en harmonie avec les règles du droit nouveau, telles qu'elles sont formulées dans la loi 2, liv. iv, titre 27, Code.

Ulpien, dans la loi 14, liv. xx, titre 1, au Digeste, se demande si, avant l'échéance des fermages, on peut permettre au bailleur de poursuivre les choses engagées; et il répond affirmativement. Ce droit d'agir avant l'arrivée du terme ne peut se comprendre qu'à la condition d'admettre que le bailleur se borne à se faire attribuer, par l'interdit Salvien, la possession des objets engagés. Comment, en effet, supposer, si la question jugée sur l'interdit Salvien était la même que celle jugée sur l'action Servienne, que l'interdit fût ici plus recevable que l'action ?

Le locataire d'une maison qui a payé ce qu'il doit à titre de loyer et rempli toutes ses obligations, a contre le bailleur un interdit spécial, l'interdit *de Migrando*, pour empêcher le bailleur de mettre obstacle à ce qu'il sorte avec tous les objets qui lui reviennent. La loi 1, § 5, livre xliii, tit. 32, Dig. fait remarquer que l'interdit s'applique aux choses apportées dans la maison à titre de gage, peu importe, du reste, qu'elles ne soient point *in bonis conductoris*, ni susceptibles d'une véritable hypothèque. Il ne s'agit donc dans l'interdit *de Migrando* que d'une simple question de possession. Nous voyons, en effet, dans la loi 23, liv. xxii, tit. 3, Dig., que s'il s'agissait d'une question d'hypothèque, il faudrait prouver que les choses engagées appartenaient au constituant à l'époque où a été consentie l'hypothèque. Or il y a entre l'interdit *de Migrando* et l'interdit Salvien une grande analogie; il faut donc reconnaître que, dans le second comme dans le premier, il n'y a en jeu qu'une simple question de possession. Pour corroborer cet argument, on peut faire observer que les Institutes, en parlant de l'interdit Salvien et de l'action Servienne, ne s'expriment pas de la même manière : dans l'action, c'est du *jus pignoris* qu'on s'occupe; dans l'interdit, c'est la convention que l'on considère avant tout.

Enfin, ce qui est plus décisif encore, c'est que, aux termes de la loi 2, liv. lxiii, titre 33, au Digeste, celui qui a triomphé dans l'interdit peut succomber dans l'action Servienne. N'est-ce pas là la preuve évidente que, dans l'interdit et dans l'action, ce qui est jugé ce sont deux questions différentes et parfaitement distinctes. S'il en était autrement, ne serait-ce pas le cas ou jamais d'invoquer l'exception *rei judicatæ?*

En résumé, il n'intervient sur l'interdit Salvien qu'une décision purement possessoire.

Le *dominus fundi* qui intente l'interdit Salvien peut se trouver en présence de quelqu'un qui se dit propriétaire des choses affectées au gage du bailleur. Dans ce cas, il ne triomphera que si le propriétaire *rerum illatarum* se trouve dans l'impossibilité de recouvrer, au moyen de l'interdit *Utrubi*, la possession des meubles détenus par le colon.

Si le bailleur qui intente l'interdit Salvien a pour adversaire un autre créancier hypothécaire, il l'emportera provisoirement sur lui; et le créancier hypothécaire devra alors recourir à l'action Servienne, pour faire reconnaître la priorité de son hypothèque, et par conséquent son droit de préférence (Loi 12, liv. xx, titre 4, Dig.).

Lorsque le *dominus fundi* agit contre une personne dans la même position que lui, c'est-à-dire un copropriétaire du même fonds, la loi 1, § 1, liv. lxiii, titre 33, au Digeste, fait une distinction. Si le colon a apporté dans la ferme des choses à titre de gage, de manière à ce qu'elles fussent hypothéquées *in solidum* à chacun des copropriétaires; ils auront droit l'un et l'autre à l'interdit Salvien contre les tiers. Mais si cet interdit est rendu entre eux, ce sera le possesseur qui l'emportera. — Si les choses n'ont été engagées à chacun que *pro parte*, ils auront l'un et l'autre, vis-à-vis des tiers et entre eux, une action utile pour se faire mettre en possession de la moitié qui revient à chacun.

Suivant Cujas, cette action utile serait l'action Quasi-Servienne, et, en effet, on ne comprend pas, dit-il, qu'un interdit *adipiscendœ possessionis* puisse être donné *pro parte*. Mais la loi 1, § 6, liv. xliii, titre 3, *Quod leg.* Dig., nous montre, au contraire, que cela peut très-bien arriver. Cette expression *utilis actio* signifie donc ici l'interdit Salvien, et veut dire simplement que l'interdit pourra dans l'espèce être efficacement intenté.

Mais ici se présente une difficulté : si l'on admet que l'interdit Salvien peut être intenté *pro parte*, comment expliquer la loi 2, liv. xliii, tit. 33? Ulpien suppose que des choses ont été apportées sur le fonds commun, et il dit que le possesseur triomphera, et que celui qui a succombé dans l'interdit pourra recourir à l'action Servienne. Pour que le possesseur triomphe, il faut, nous le savons, que les choses aient été engagées *in solidum;* mais dans la loi 10, liv. xx, titre 1, au Digeste, relative à l'action Servienne, Ulpien lui-même dit précisément que dans cette hypothèse, *possidentis conditio melior erit.* Par conséquent qu'il s'agisse de l'action Servienne ou de l'interdit Salvien, la décision du jurisconsulte est toujours la même. Pour concilier ces deux textes, Pothier met en avant cette idée que, pour triompher dans l'interdit, le demandeur n'avait qu'à faire une demi-preuve et à rendre son droit vraisemblable ; et que dans l'action Servienne au contraire, il fallait un preuve entière et complète , de sorte qu'il pouvait arriver qu'une personne après avoir triomphé sur l'interdit, succombât dans l'action.

Cette explication ne nous paraît pas admissible : il faut dire simplement que les conditions de l'interdit Salvien sont autres que celles de l'action Servienne. Dans l'interdit, on ne s'occupe pas de savoir si les choses engagées appartenaient au colon ; dans l'action, au contraire, il faut prouver que les choses étaient *in bonis conductoris*, ou bien si elles ne lui appartiennent pas, qu'elles ont été engagées avec le consentement du propriétaire. Or, il peut arriver que le propriétaire n'ait consenti à l'engagement de ses biens qu'en faveur de l'un seulement des bailleurs. Celui qui possède triomphera dans l'interdit Salvien : mais il succombera dans l'action Servienne, parce que ce n'est pas à lui que les choses ont été engagées.

LIVRE DEUXIÈME

Du privilége du bailleur d'immeubles en
droit français.

———

I.es garanties dont, à Rome, la juridiction préto-
rienne avait jugé nécessaire d'entourer le droit du
bailleur, consacrées déjà par notre ancienne jurisprudence, se recommandaient au législateur moderne par
de trop sérieuses considérations, pour qu'il ne les repro-
duisît pas dans nos lois. Aussi le Code Napoléon, voulant assurer au bailleur une pleine sécurité, a-t-il
investi sa créance d'un privilége. L'art. 2102, consacré
à l'énumération des priviléges spéciaux frappant certains meubles déterminés, s'exprime ainsi :

« Les créances privilégiées sur certains meubles sont:
1° Les loyers et fermages des immeubles, sur les fruits
de la récolte de l'année, et sur le prix de tout ce qui
garnit la maison louée ou la ferme, et de tout ce qui
sert à l'exploitation de la ferme : savoir pour tout ce
qui est échu et pour tout ce qui est à échoir, si les baux
sont authentiques, ou si, étant sous signature privée,
ils ont une date certaine; et dans ces deux cas, les autres créanciers ont le droit de relouer la maison ou la
ferme pour le restant du bail et de faire leur profit des
baux et fermages, à la charge toutefois de payer au
propriétaire tout ce qui lui serait encore dû.

Et, à défaut de baux authentiques, ou lorsque étant sous signature privée, ils n'ont pas une date certaine, pour une année à partir de l'expiration de l'année courante.

Le même privilége a lieu pour les réparations locatives, et pour tout ce qui concerne l'exécution du bail.

Néanmoins, les sommes dues pour les semences ou pour les frais de la récolte de l'année sont payées sur le prix de la récolte, et celles dues pour ustensiles, sur le prix de ces ustensiles, par préférence au propriétaire, dans l'un et l'autre cas.

Le propriétaire peut saisir les meubles qui garnissent sa maison ou sa ferme, lorsqu'ils ont été déplacés sans son consentement, et il conserve sur eux son privilége pourvu qu'il ait fait la revendication, savoir : lorsqu'il s'agit du mobilier qui garnissait une ferme, dans le délai de quarante jours, et dans celui de quinzaine, s'il s'agit des meubles garnissant une maison. »

En présence de cette disposition si développée et cependant si pleine encore de lacunes, il faut, pour en faire une étude méthodique et complète, examiner successivement les points que la loi a réglés d'une façon précise, en y rattachant toutes les questions que son silence ou son obscurité laisse à la doctrine et à la jurisprudence, le soin d'élucider et de résoudre. Fidèles à cette méthode, nous allons donc étudier : au profit de quelles personnes existe le privilége ; sur quels objets il s'étend ; pour la garantie de quelles obligations il s'exerce ; par quels moyens s'en conserve et s'en assure l'efficacité ; et enfin, quels priviléges l'équité demande qu'on lui préfère ou qu'on fasse passer après lui.

CHAPITRE I.

Des personnes qui ont droit au privilége.

Tout individu qui, à un titre quelconque, peut se présenter comme créancier des loyers ou fermages d'un immeuble, a droit au privilége. Peu importe qu'il soit ou non propriétaire, que le louage qu'il invoque soit ou non son ouvrage, il suffit qu'un bail existe, et que l'exécution en soit par lui légitimement réclamée. Ainsi l'usufruitier, comme le propriétaire, a un privilége pour le bail qu'il a consenti, aussi bien que pour le bail auquel il a succédé. De même le locataire du fermier principal, qui use de la faculté de sous-louer, acquiert, par suite de cette sous-location, vis-à-vis de son preneur, le même privilége dont le bail primitif avait armé contre lui le propriétaire de la maison ou de la de ferme qu'il tenait à loyer.

Mais, remarquons-le bien, ce n'est que le louage des immeubles qui donne lieu au privilége; le locateur d'une chose mobilière ne pourrait en réclamer le bénéfice : la loi le dit formellement, cela du reste est facile à comprendre. Sur quoi en effet le privilége pourrait-il, dans ce cas, s'exercer ?

Une autre observation, c'est qu'il faut avant tout que le bail soit reconnu valable; si le contrat de louage avait été fait, par exemple, après le jugement déclaratif de faillite, il serait nul par application de l'art 443 du Code de commerce : s'il avait été fait depuis la cessation des payements, il pourrait être annulé au cas où cette cessation aurait été connue du locateur, par application de l'art. 447; et alors il ne pourrait plus être question du privilége.

CHAPITRE II.

Objets affectés au privilége du bailleur.

Le privilége du locateur d'immeubles porte, lorsqu'il s'agit d'une maison, sur tout ce qui la garnit; quand il s'agit d'une ferme, non-seulement sur tout ce qui la garnit, mais encore sur tout ce qui sert à son exploitation, et sur les fruits de la récolte de l'année (art. 2102 1°). Comme les objets, qui garnissent les lieux et servent à l'exploitation de la ferme, ne sont pas frappés du privilége du bailleur pour les mêmes causes que les fruits de la récolte de l'année, et que, d'ailleurs, à propos de ces deux classes de choses, il s'élève pour chacune des difficultés particulières et spéciales, il importe de les étudier séparément l'une et l'autre.

PREMIÈRE SECTION.

Objets garnissant la maison ou la ferme, et servant à l'exploitation du fonds.

Les objets qui garnissent la maison ou la ferme, et servent à son exploitation sont grevés du privilége en vertu d'une constitution de gage tacite. Il a été, pour ainsi dire, convenu entre les parties, quoiqu'elles n'aient fait, à cet égard, aucune stipulation, que les meubles apportés par le preneur dans la maison ou la ferme, pour la garnir et l'exploiter, répondraient du payement des loyers ou fermages. Pour que cette garantie ne soit point illusoire, la loi permet au propriétaire d'expulser le preneur qui ne garnit pas les lieux de meubles suffisants, ou ne donne pas à la place d'autres sûretés convenables (art. 1752).

Les choses servant à l'exploitation de la ferme sont faciles à reconnaître, personne ne peut s'y tromper : il y a des mots qui portent en eux-mêmes leur propre définition. Ce sont évidemment toutes les choses, bestiaux, ustensiles, instruments quelconques, dont le fermier fait usage pour retirer de l'immeuble affermé toute l'utilité dont il est susceptible.

Mais que faut-il entendre par objets garnissants? Quel est précisément le sens et la portée qu'on doit attacher à ces expressions? C'est là un point difficile et sur lequel les jurisconsultes son loin d'être d'accord. Pour les uns, comme MM. Dalloz et Troplong, il n'y a d'objets garnissants que ceux qui sont en évidence. Sont, par conséquent, en dehors du privilége, tous les objets que le locataire tient sous clef, tels que les titres de créance, l'argent comptant, les pierreries, les bijoux, et aussi, sans doute, le linge et la vaisselle renfermés dans des armoires ou buffets. Ces choses n'étant pas apparentes, le propriétaire n'a pu compter sur elles pour sa garantie.

Pour d'autres, M. Mourlon par exemple, les objets

qui garnissent la maison ou la ferme sont tous ceux qui s'y trouvent. Peu importe qu'ils soient en évidence ou non, que leur présence soit ou non conforme à la destination naturelle des lieux, qu'elle soit un fait habituel ou bien une exception. Par cela seul qu'ils occupent une place dans la maison, ils la garnissent. Il faut, toutefois, excepter les titres de créance et l'argent comptant, que la loi considère non pas comme des biens, mais comme la preuve d'un droit et le signe d'une valeur, qui n'ont et ne peuvent avoir aucune situation.

Ni l'un ni l'autre de ces deux systèmes ne paraît comprendre la véritable portée des expressions qu'ils cherchent à expliquer. Le premier, par sa rigueur excessive, rend illusoire le droit du bailleur, et exclut de son gage des choses sur lesquelles il a pu et dû légitimement compter. Le second, par sa formule trop absolue, qu'on essaye en vain de justifier en montrant une disposition analogue écrite dans les art. 171 et 401 des coutumes de Paris et d'Orléans, et reproduite par l'art. 819 du Code de Proc. civ., vient se heurter contre le texte formel de l'art. 2102 1°, et ne saurait être admis.

La vérité, selon nous, est dans une interprétation moins radicale et moins absolue que les deux premières, et présentée par M. Valette. Pour lui comme pour nous, ce qui garnit la maison louée ou la ferme, ce n'est pas tout ce qui s'y trouve ; mais tout ce qui, à raison de la destination même des lieux et pour leur exploitation, doit y rester d'une manière habituelle et permanente.

« Ces expressions comprennent donc d'abord sans difficulté les meubles meublants, c'est-à-dire ceux qui sont destinés à l'usage et à l'ornement des appartements (art. 534 C. N.), et en outre les objets servant ou non à la consommation, placés en évidence dans les magasins, caves, greniers, galeries disposés pour les recevoir. Elles comprennent enfin, certains objets renfermés, il est vrai, mais destinés par leur nature, comme le linge, la vaisselle, à rester à demeure dans les armoires ou dans les autres meubles où ils sont placés. Ce sont là, en effet, des choses sur la valeur desquelles le bailleur a pu compter pour la sûreté de son payement. Mais quant à l'argent, aux billets et aux bijoux, c'est-à-dire, quant aux objets dont l'absence permanente ou momentanée n'aurait rien d'extraordinaire, et n'empêcherait pas les lieux loués d'être parfaitement garnis de ce qu'on y place d'habitude, il ne peut être dans l'esprit de la loi de les comprendre dans le privilége. »

Que les objets garnissants, qui appartiennent au locataire ou fermier, soient grevés du privilége, cela est incontestable. Un point non moins certain, en présence des termes si généraux et si larges de l'art. 2102 1°, c'est qu'il en est de même quant aux meubles appartenant à des tiers, si toutefois le bailleur est de bonne foi. Lorsqu'il ignore que les choses apportées dans la maison ou la ferme ne sont point la propriété du preneur, et qu'elles ne se trouvent entre les mains de celui-ci qu'à titre de dépôt, de prêt, de location ou de gage, il n'a point à craindre qu'une revendication vienne le priver de sa garantie. Il a, en effet, sur les meubles garnissant sa chose une sorte de possession à titre de gage, qui lui permet d'invoquer, dans la limite de son intérêt de créancier gagiste, la maxime : *en fait de meubles la possession vaut titre* (art. 2279). Ainsi, de même que l'acheteur de bonne foi d'un meuble corporel, vendu à *non domino*, en devient propriétaire par la possession, de même le bailleur, par la quasi-possession des meubles apportés dans sa maison ou dans sa ferme, acquiert sur eux un privilége, pourvu qu'il ait été de bonne foi, croyant que le preneur avait la propriété des choses sur lesquelles, par une clause tacite du contrat, il lui confère un droit de gage. Le propriétaire de ces objets est forcé de subir le privilége, comme dans d'autres cas, il perd la propriété. Et cela est de toute justice ; il a eu le tort de mal placer sa confiance en mettant à la disposition du preneur les choses dont il s'agit. Le bailleur, au contraire, n'a rien à se reprocher; à la vue des meubles apportés par le locataire, il a dû croire qu'ils lui appartenaient, il a compté sur eux, il ne faut pas qu'il soit trompé dans son attente.

Mais ces considérations ne sont pas applicables au cas où le bailleur sait que les objets garnissant les lieux ne sont pas la propriété de son locataire ou fermier. Il ne pourra plus alors opposer son privilége au propriétaire revendiquant ses meubles, ni se prévaloir du principe protecteur de l'art. 2279, car il est de mauvaise foi.

Nous trouvons dans le Code Napoléon une double application de cette doctrine. Ainsi, le bailleur peut saisir et faire vendre, pour se payer de ses fermages, le cheptel qu'un tiers a donné à son fermier, sans lui en faire une notification (art. 1813). De même le privilége du vendeur d'effets mobiliers non payés, ne s'exerce qu'après celui du bailleur, à moins qu'il ne soit prouvé que ce dernier avait connaissance que le prix des objets garnissant sa maison ou sa ferme était encore dû (art. 2102 4º).

La connaissance que le bailleur avait du droit des tiers ne sera pas douteuse, s'il y a eu une notification. Mais, indépendamment de ce moyen, elle pourra s'établir par toute espèce de preuves. Elle sera même présumée à l'égard des effets mobiliers dont l'introduction dans les lieux s'explique par la profession ou l'industrie du locataire, comme par exemple s'il est aubergiste, ouvrier travaillant à la confection ou à la réparation de certains meubles, commissionnaire chargé d'effectuer le transport ou la vente de marchandises pour le compte d'autrui.

Lorsque le locataire a ignoré dans le principe que les meubles, apportés dans sa maison ou sa ferme, n'appartenaient pas au preneur, et qu'il n'en a été averti que par une notification postérieure, nous avons dit tout à l'heure que son privilége s'étendait sur eux. Mais lui répondent-ils à la fois des loyers ou fermages qui ont couru depuis leur introduction dans les lieux jusqu'à la notification, et des loyers ou fermages échoir jusqu'à la fin du bail? L'affirmative ne nous paraît pas admissible. Si le propriétaire des meubles offre de payer tous les termes échus et un terme à à échoir, afin que le bailleur ait le temps d'exiger des sûretés nouvelles, ou de trouver un nouveau locataire ou fermier, nous ne voyons pas, en effet, à quel titre et sous quel prétexte on écarterait sa revendication. Ne serait-il pas injuste que le bailleur pût conserver pour sa sûreté à venir un bien qu'il sait être à autrui ? Autant la règle de l'art. 2279 C. N. est, en principe, équitable, autant elle serait inique dans l'espèce ; puisque le bailleur trouve ici, dans l'art. 1752, une garantie pleinement efficace (Voir en ce sens Pont, t. I, n° 119 ; Mourlon, n° 88. — Cepend., Bordeaux, 26 mars 1814).

Bien qu'en règle générale le bailleur de bonne foi exerce son privilége sur les objets garnissant les lieux, lors même qu'ils n'appartiennent pas au preneur, il y a cependant un cas où, par exception, son privilége se trouve écarté par la revendication du propriétaire des meubles. C'est ce qui arrive lorsque les meubles, apportés dans la maison ou la ferme, ont été perdus ou volés, et que le propriétaire les revendique dans les trois ans, à compter du jour de la perte ou du vol (art. 2279). Rien de plus naturel que cette dérogation au principe. Comment, en effet, pourrait-on dire, lorsqu'il s'agit d'un meuble perdu ou volé, que celui auquel il appartient a tacitement consenti à ce qu'il fût affecté au gage du bailleur, alors qu'il ignorait ce qu'il était devenu ? Est-il possible, d'ailleurs, que le droit de gage soit mieux protégé que le droit de propriété ? Or, ne voyons-nous pas que l'acheteur d'un meuble volé ou perdu, ne peut, malgré sa bonne foi, conserver le droit de propriété qu'il a cru acquérir.

Si le preneur, possesseur actuel de la chose volée ou perdue, l'avait achetée dans une foire, ou dans un marché, ou dans une vente publique, ou d'un marchand vendant des choses pareilles, il ne pourrait en être évincé par le propriétaire originaire qu'après s'être fait rembourser par lui le prix qu'elle lui a coûté (art. 2280). Il nous semble alors que le bailleur aurait le droit de se faire attribuer cette somme, par préférence aux autres créanciers du locataire ou fermier, en payement de ses loyers échus et à échoir.

Remarquons enfin que le bailleur a un privilége sur les meubles, non-seulement du locataire ou fermier avec lequel il a contracté, mais encore des locataires ou fermiers auxquels le preneur primitif a affermé l'immeuble. Toutefois, dans ce dernier cas, il ne peut l'exercer que pour le montant des loyers ou fermages, encore dus par les sous-locataires ou sous-fermiers, en vertu de leur contrat. Afin de prévenir les fraudes, la loi considère comme non-avenus, à l'égard du bailleur, les payements faits par anticipation. Ajoutons que le bailleur a, contre les locataires ou fermiers du preneur primitif, une action directe qu'il exerce en son propre nom (art. 1753, C. N., et 820 Proc. civ.). De là pour lui deux avantages importants : 1° Il n'est pas obligé de souffrir le concours des autres créanciers du preneur primitif; 2° au lieu de recourir à la saisie-arrêt, il peut prendre la voie plus expéditive de la saisie-gagerie.

Reste une dernière question à examiner : le bailleur a-t-il privilége sur les meubles appartenant à des personnes auxquelles le locataire accorde un logement gratis ? Nos anciens auteurs étaient divisés sur ce point. Barthole, Domat, Basnage soutenaient la négative, en s'appuyant sur ce que les sous-locataires n'ont leurs meubles grevés du privilége que jusqu'à concurrence dès loyers dont ils sont débiteurs. Pothier n'était pas de cet avis ; le bailleur, qui compte pour la sûreté de sa créance sur les meubles dont il voit sa maison garnie, serait trompé, si elle n'était occupée que par des gens qui se diraient locataires à titre gratuit. Il est donc équitable que les meubles de ces sous-locataires gratuits soient obligés aux loyers. Ne peut-on pas dire, d'ailleurs, qu'en apportant leurs meubles dans la maison qu'ils habitent, sans faire connaître au propriétaire la gratuité de leur sous-location, ils ont tacitement consenti à subir le privilége du bailleur. C'est à cette dernière opinion qu'il faut, je crois, se rattacher aujourd'hui.

DEUXIÈME SECTION.

Fruits de la récolte de l'année.

Le privilége du bailleur sur les fruits de la récolte de l'année ne prend pas sa source, comme le privilége sur les objets garnissant la maison ou la ferme, dans une constitution de gage tacite. Il a pour cause l'augmentation qui s'est produite dans le patrimoine du fermier, par suite de la perception des fruits. Le bailleur joue ici, en quelque sorte, le rôle de vendeur ; il a, par le contrat de bail, transporté au preneur la propriété des fruits que produira sa chose ; mais comme il ne les a aliénés que sous la condition d'être payé, les fruits ne sont entrés dans le patrimoine du fermier, et par conséquent dans le gage de ses créanciers, que grevés de cette condition. Le bailleur retient donc plutôt qu'il n'acquiert un privilége sur les fruits : l'aliénation ne s'en est faite que sous la déduction d'un droit réel de préférence retenu par lui pour la sûreté de sa créance.

Si les récoltes sont encore sur pied, le propriétaire non payé de ses fermages peut procéder contre le fermier par voie de saisie-brandon, dans les formes déterminées par les art. 626 et suivants du Code de procédure civile.

Quant aux fruits de la récolte de l'année qui sont déjà perçus, le bailleur exerce sur eux son privilége, qu'ils soient ou non engrangés dans les bâtiments de la ferme, pourvu toutefois qu'il puisse, dans ce dernier cas, prouver leur identité. C'est là une conséquence de ce fait que, relativement aux fruits, le privilége du bailleur ne se rattache point à l'idée d'un gage tacite. Pour éviter les contestations que peut soulever la preuve de l'identité des fruits, comme aussi pour faciliter au bailleur la surveillance, et, au besoin, la saisie de la récolte, la loi impose au preneur l'obligation d'engranger dans les lieux à ce destinés d'après le bail (art. 1767 C. N.).

Bien que la loi ne parle que des fruits de la récolte de l'année, le locateur peut exercer son privilége même sur les récoltes des années antérieures, lorsqu'elles sont engrangées dans la ferme : car alors elles garnissent les bâtiments affermés comme tous les autres objets mobiliers qui s'y trouvent.

Si la récolte de l'année est dans l'art. 2102, l'objet d'une mention spéciale, c'est que cette récolte est seule grevée d'un privilége analogue à celui du vendeur, se rattachant à une idée d'aliénation, et indépendant du lieu où les fruits se trouvent engrangés.

Remarquons, toutefois, que les récoltes étant destinées à être vendues en tout ou en partie, au fur et à mesure que l'occasion s'en présente, le bailleur n'a pas le droit d'en empêcher la sortie, lorsque le fermier les a vendues, ou lorsque, de bonne foi, il veut les transporter dans les lieux où elles doivent être mises en vente.

CHAPITRE III.

Obligations garanties par le privilége. — Étendue du privilége du bailleur. — Droit de relocation des autres créanciers.

1° *Obligations garanties par le privilége.* — Le privilége que la loi accorde au bailleur est destiné à lui assurer la pleine et entière exécution du bail. Il garantit donc l'accomplissement : 1° des obligations qui sont de l'essence ou de la nature du contrat de louage, comme celles de payer les loyers ou fermages; de faire les réparations locatives (art. 1754); d'indemniser les propriétaires des dégradations et des pertes qui arrivent par la faute du preneur, ou par le fait des personnes de sa maison et de ses sous-locataires (art. 1732-1735); de payer les dommages-intérêts auxquels le locataire ou fermier peut être condamné, par suite de la violation de ses engagements (art. 1761, 1764, 1766); 2° des obligations qui résultent des clauses accessoires du contrat, comme celles de faire des engrais d'une nature déterminée, des plantations d'arbres et autres améliorations, ou de restituer des avances faites en argent, denrées ou bestiaux, par le propriétaire au fermier (art. 1821, 1824, 1826 C. N.).

Quant aux avances faites dans le courant du bail, sans qu'il y ait, dans le contrat, de clause particulière à cet égard, quelques auteurs refusent d'y étendre le privilége, ne voyant là qu'une créance ordinaire, un simple prêt, complétement distinct et séparé du louage (Grenier, tome 2, n° 509. ; Persil , art. 2102, 1° n° 29 ; Dalloz, n° 13). D'autres, au contraire, dont nous adoptons l'opinion, comme plus raisonnable et plus en harmonie avec les précédents et les termes généraux de la loi, pensent que ces avances, bien que postérieures au bail, constituent en réalité une convention additionnelle au contrat primitif, et doivent, par conséquent, jouir de la même garantie. Ces avances ne sont point, en effet, un prêt ordinaire ; le propriétaire ne les a faites que pour faciliter au fermier les moyens de faire valoir le fonds ; c'est en vue de la culture et de l'exécution du bail qu'elles ont eu lieu. Elles doivent donc, à ce titre tomber sous l'application des termes si généraux de notre article : *pour tout ce qui concerne l'exécution du bail* (art. 2102 1°, 5° alinéa ; Duranton, tome 19, n° 97 ; Troplong, tome 1, n° 154 ; Zachariæ, tome 2, page 108 ; Valette, n° 60 ; Angers, 27 août 1821 ; Req., 3 janvier 1857 et 24 août 1842 ; Limoges, 26 août 1848).

Avant d'aborder le point le plus difficile et le plus important de notre matière, c'est-à-dire l'étude du privilége, en tant qu'il garantit le payement des loyers ou fermages, il nous faut examiner une question un peu en dehors de notre sujet, peut-être, mais qui pourtant s'y rattache par un lien intime. Si le privilége, en effet, ne s'y trouve pas en jeu, il s'agit néanmoins d'un droit de préférence à accorder ou à refuser au bailleur, dans une hypothèse particulière, sur les autres créanciers de son locataire ou fermier. Cette question la voici : Lorsque le preneur se décharge de la responsabilité que lui impose, aux termes des art. 1733 et 1734, l'incendie des lieux qu'il occupe, en se faisant assurer contre le risque locatif, et que le sinistre prévu, venant à éclater, amène sa déconfiture ou sa faillite, les sommes dues par la compagnie d'assurances profiteront-elles exclusivement au propriétaire locateur, ou bien seront-elles attribuées à la masse des créanciers, et réparties entre eux au prorata de leurs créances respectives ?

La prétention du propriétaire à un droit exclusif sur l'indemnité du risque locatif, bien qu'elle ait trouvé quelques partisans dans la doctrine, et obtenu dans la jurisprudence quelques décisions favorables (Lehir, *Journal de l'assureur*, 1854, page 278; *Encyclop. du droit*, Contrat d'assurance, n° 163 ; Poujet, *Dict. des assurances*, et v° *Privilége et Journal des assurances*, 1860, p. 100; — Paris, 13 mars 1837, 22 mai 1855; Tribunal de la Seine, 25 avril 1859), ne nous paraît point admissible. Les biens du débiteur sont le gage commun de ses créanciers, et le prix s'en distribue entre eux par contribution, à moins qu'il n'y ait entre les créanciers des causes légitimes de préférence. Tel est le grand principe d'égalité que formule l'art. 2093 C. N. Pour quelle raison le propriétaire viendrait-il ici réclamer un droit de préférence? On a dit que l'indemnité promise par l'assureur était la représentation des bâtiments incendiés, et que, par conséquent, les droits du propriétaire se transféraient de plein droit de la chose périe sur la somme qui en est l'équivalent. Mais ce raisonnement présenté, il y a longtemps déjà, par les créanciers ayant hypothèque sur des maisons incendiées, qui prétendaient retrouver dans le montant de l'assurance le gage qu'ils avaient perdu, n'a pas trouvé devant les tribunaux plus de faveur qu'auprès des jurisconsultes (Cass., 8 juin 1820, 28 juin 1831), et aujourd'hui il est reconnu, par tout le monde, que la subrogation réelle ne peut être que l'œuvre de la loi. Remarquons, d'ailleurs, que si l'indemnité dont est tenu l'assureur représente quelque chose, ce n'est pas la maison ou la ferme incendiée, mais les primes payées par l'assuré. Laissons donc de côté cette impossible subrogation.

Si le bailleur ne peut s'attribuer, en qualité de propriétaire, l'indemnité du risque locatif, il ne saurait pas davantage se prévaloir sur elle d'un privilége. En effet, aux termes de l'art. 2102, son privilége n'existe que sur le prix de tout ce qui garnit les lieux. Or, les priviléges sont de droit étroit, et ne peuvent s'établir par analogie. Il y a plus : lors même que le mobilier du preneur serait assuré, l'indemnité payée par la compagnie d'assurances ne pourrait pas être frappée du privilége du bailleur, en vertu de ce principe, que le privilége s'éteint par la perte de son objet.

Mais le propriétaire ne pourrait-il du moins intenter contre l'assureur du risque locatif, pour se faire attribuer exclusivement l'indemnité due, une action directe, analogue à celle qu'il a contre les sous-locataires? On l'a prétendu par ce motif que le preneur, en passant la police d'assurance, a agi comme *negotiorum gestor* dans l'intérêt du propriétaire. Rien n'est plus faux que cette allégation ; on ne peut, en effet, sérieusement soutenir que l'assuré se soit préoccupé d'autre chose que de sa responsabilité personnelle. S'il y avait gestion d'affaire, il se ferait rembourser les primes qu'il a payées ; or cette réclamation n'est pas plus dans sa pensée que dans les prévisions du propriétaire. Comme celui-ci, d'ailleurs, est lui-même habituellement assuré, la gestion d'affaire serait au profit, non pas du bailleur, mais de sa propre compagnie d'assurances. Enfin il est si vrai que le locataire ou le fermier n'a songé qu'à lui, c'est qu'au lieu d'assurer la maison ou la ferme contre toutes les causes de destruction possible, il ne l'a assurée que contre les accidents dont il serait responsable.

La gestion d'affaire écartée, on invoque l'art. 1121 C. N., aux termes duquel, il est permis de stipuler au profit d'un tiers, lorsque telle est la condition d'une stipulation qu'on fait pour soi-même. C'est cette disposition qui transporte, dit-on, au propriétaire le bénéfice de l'assurance passée par le preneur. Cet argument, qui n'est qu'une variante du précédent, se trouve en partie réfuté par ce que nous avons dit tout à l'heure. Pour que cette réfutation soit complète, il nous suffira d'ajouter que l'art. 1121 ne saurait ici s'appliquer. Dans l'hypothèse qu'il prévoit, il y a deux stipulations différentes, l'une au profit d'un étranger, l'autre dans l'intérêt de la personne même qui stipule. Dans l'espèce qui nous occupe, au contraire, nous ne trouvons rien de semblable ; il n'y a qu'une seule et unique stipulation, dans l'intérêt exclusif du preneur qui s'est fait assurer. Il est donc impossible de fonder l'action directe, qu'on réclame au nom du propriétaire, sur la gestion d'affaire ou sur la stipulation du preneur.

On a cherché à en trouver le principe dans le fait même de l'incendie, qui fait naître la créance du bailleur. Aux termes de l'art. 1303 C. N., lorsque la chose est périe sans la faute du débiteur, il est tenu, s'il a quelques droits ou actions en indemnité par rapport à cette chose, de les céder à son créancier. Cette disposition, a-t-on dit, doit s'appliquer à plus forte raison quand le débiteur est en faute, comme le locataire ou le fermier, en cas d'incendie. Il ne se peut pas, en effet, que le débiteur profite de sa faute, et y trouve l'occasion et, pour ainsi dire, le moyen de rendre sa position meilleure. Le bailleur pourra donc agir contre la compagnie d'assurances pour se faire payer l'indemnité qu'elle doit au preneur. Mais ce raisonnement repose sur une erreur manifeste : lorsque la chose a péri par le fait ou la faute du débiteur, l'art. 1303 est inutile et ne saurait s'appliquer. Dans ce cas, en effet, l'obligation subsiste toujours, le créancier est toujours créancier, et s'il existe encore au profit du débiteur, relativement à cette chose, des droits ou des actions, c'est en vertu de l'art. 1166 qu'il les exercera.

On a enfin tiré plusieurs arguments de la nature du

contrat d'assurances. Il est, dit-on, de l'essence de ce contrat qu'il ne puisse être l'occasion d'un gain quelconque pour l'assuré, ni par conséquent pour ses créanciers, qui sont ses ayants cause : or faites tomber l'indemnité entre les mains de l'assuré, au lieu de l'attribuerau propriétaire, voilà le preneur ou ses créanciers enrichis, le contrat violéet des spéculations immorales encouragées. La réponse est bien simple : le principe qu'on invoque ne signifie qu'une chose, c'est que l'assuré ne peut retirer de l'assurance une somme supérieure à la valeur de l'objet assuré. Spéculer sur des désastres, voilà ce qui serait immoral et dangereux. Or est-ce que le preneur contrevient à cette règle, lorsqu'il demande que l'indemnité du risque locatif soit répartie entre tous ses créanciers, au lieu d'être exclusivement attribuée à un seul? Qu'il paye plus aux autres créanciers et moins au propriétaire, en sera-t-il plus riche?

Mais, dit-on, si le preneur ne s'enrichit pas, ses créanciers s'enrichissent, en ce sens qu'ils diminuent leur perte. Cela est vrai, mais cet enrichissement n'est pas le résultat du contrat d'assurances. Ils trouvent une somme dans le patrimoine de leur débiteur, et ils s'en emparent, comme c'est leur droit, sans s'inquiéter de sa provenance.

Cependant on insiste. La somme due par l'assureur a toujours été destinée au propriétaire; les autres créanciers n'ont donc pu compter sur elle. Comment, d'ailleurs, n'appartiendrait-elle pas au propriétaire? L'indemnité du risque locatif n'est due qu'autant qu'il réclame. C'est son action en dommages-intérêts contre le preneur, qui donne à celui-ci le droit d'exiger le montant de l'assurance. Nous répondrons à cela que, quand le locataire ou le fermier destinait l'indemnité du risque locatif à désintéresser le bailleur, il ne prévoyait pas sa déconfiture ou sa faillite, et que, par conséquent, il ne songeait point à créer ainsi un droit de préférence au profit du propriétaire.

Il n'y a pas un argument plus sérieux à tirer de cette clause de la police en vertu de laquelle l'assureur se réserve, en général, le droit de reconstruire ou de payer à son choix. Si l'obligation de reconstruire ne peut, par la force même des choses, profiter qu'au propriétaire, ce n'est pas une raison pour qu'il en soit ainsi de l'obligation de payer l'indemnité. Mais, si ce n'est pas assez, pour défendre un système, de réfuter les objections qu'on lui oppose, voici un argument décisif et, selon nous, sans réplique, qui vient renverser le prétendu droit de préférence que réclame le bailleur. Il est emprunté à la matière des assurances maritimes qui, plus anciennes et mieux réglées que les assurances terrestres, ont une jurisprudence plus certaine et une doctrine plus complète. La réassurance nous offre une espèce identique à la nôtre et sur laquelle tout le monde est d'accord. Un assureur se fait réassurer, puis il tombe en faillite et le navire assuré vient à périr. L'armateur n'a pas d'action directe contre l'assureur ni droit de préférence sur l'indemnité; il ne peut agir que contre la faillite. Cette décision donnée par Émérigon (tom. 1, chap. 8, sect. 14) n'est contestée par personne. Or, nous le demandons, y a-t-il un seul argument du propriétaire que ne puisse invoquer l'armateur assuré? (*Revue pratique,* tome 13 ; page 529 et tome 10, page 75 ; *Revue critique*, tome 10, page 450 ; Alauzet, *Traité des assurances*, tome 2, n° 542 ; Goujet et Merger, *Dictionn. de droit comm.* Voir *Assurances*, n° 290 ; Amiens, 30 mars 1859 ; Cassat., 20 déc. 1859 ; Lyon, 27 déc. 1861.)

Une question toute nouvelle, et qui présente avec celle que nous venons d'étudier une grande analogie, est celle de savoir si le bailleur peut prétendre à un droit de préférence sur l'indemnité accordée par le jury à son locataire, en cas d'expropriation pour cause d'utilité publique ? L'affirmative a été consacrée par le tribunal de Bernay, le 4 février 1863, et confirmée en appel par la Cour de Rouen, le 12 juin de la même année. Malgré l'autorité de ces divisions judiciaires, nous ne croyons pas que ce système puisse être adopté : les raisons qu'on invoque à l'appui ne nous paraissent pas décisives, et il est facile de montrer qu'elles ne sont nullement concluantes. Que dit-on en effet ? Aux termes de l'art. 1741, C. N., le bailleur, qui n'est pas payé de ses loyers, peut faire résoudre le bail. Or, l'art. 18 de la loi du 3 mai 1841 déclare que les actions en résolution ne pourront arrêter l'expropriation ni en empêcher l'effet, et que le droit des réclamants sera transporté sur le prix. Le droit de résolution du bailleur se trouve donc transféré sur l'indemnité. L'art. 18, après avoir dit que le droit des réclamants sera transporté sur le prix, ajoute, il est vrai : « et l'immeuble en demeurera affranchi. » Mais on ne peut se prévaloir de ce mot immeuble pour soutenir que ce texte n'est applicable qu'au prix de l'immeuble exproprié, et non à l'indemnité accor-

dée au locataire, puisque la jouissance de celui-ci est
expropriée comme l'immeuble lui-même. Cette indemnité est en effet le prix de la jouissance qui lui est enle-
vée, comme l'indemnité du propriétaire est le prix de
l'immeuble qu'il perd, et il n'y a aucune raison pour
qu'il en soit différemment dans un cas que dans l'autre.

Toute cette argumentation repose, selon nous,
sur une base erronée; il nous paraît impossible d'admettre l'application dans l'espèce de l'art. 18 de la loi
du 5 mai 1841. Les actions en résolution dont il parle
s'appliquent à la propriété de l'immeuble; elles ne
comprennent pas l'action en résolution d'un simple
bail. La preuve en ressort clairement des termes mêmes
de l'article : c'est en effet sur le prix de l'immeuble
qu'il transporte l'action en résolution ; or ici l'indemnité accordée au locataire exproprié n'est pas le prix de
cet immeuble, elle ne le représente pas. Ce qu'elle représente, ce sont les droits de ce locataire à la jouissance pendant la durée du bail et les pertes que lui
cause l'expropriation : droit mobilier spécial, et sur
lequel le propriétaire n'a pas plus de droit que tous
les autres créanciers du preneur. Qu'arriverait-il d'ailleurs si l'on permettait au propriétaire de prélever
ainsi l'indemnité d'expropriation ? Il ferait par là un
double bénéfice : d'une part, il toucherait le prix de
son immeuble exproprié, prix dont les intérêts repré-
sentent pour lui les revenus qu'aurait produits son immeuble; et d'autre part, il prendrait l'indemnité qui
représente pour le locataire la jouissance qu'il avait le
droit d'exercer pendant la durée du bail ; résultat contraire à l'équité et que les autres créanciers pourraient

justement critiquer. Quant à un privilége, le bailleur ne saurait sérieusement y prétendre. L'art. 2102 n'accorde, en effet, de privilége au propriétaire que sur les fruits de la récolte de l'année, et sur ce qui garnit la ferme et sert à son exploitation. Les termes restrictifs de cet article excluent donc du privilége l'indemnité d'expropriation du locataire, laquelle ne représente ni le mobilier, ni les fruits de la récolte, mais seulement la privation de jouissance de ce locataire. En résumé, il faut reconnaître que le bailleur ne peut à aucun titre se faire exclusivement attribuer l'indemnité accordée à son locataire ou fermier, en cas d'expropriation pour cause d'utilité publique.

2° Etendue du privilége du bailleur. — Occupons-nous maintenant des loyers ou fermages dont le privilége doit assurer le payement. Ici deux situations différentes peuvent se présenter. — 1re *Hypothèse.* Les meubles du locataire ou fermier sont saisis à la requête du bailleur, et les autres créanciers ne se présentent pas pour concourir avec lui. Il ne peut être alors question du privilége, et le droit commun conserve son empire. Le bailleur, seul poursuivant, est traité comme le premier venu des créanciers ordinaires ; il saisit et fait vendre les meubles garnissant sa maison ou sa ferme jusqu'à concurrence de ce qui lui est dû au moment de la saisie (art. 622 Proc. civile). Quant aux termes non échus, le mobilier non vendu lui en garantit le payement ; si ce mobilier est insuffisant, il a le droit d'exiger du preneur des sûretés nouvelles, ou, à défaut, la résiliation du bail (art. 1752) ; mais il ne peut se faire payer à l'avance les loyers ou fermages à échoir. La loi, en effet, n'accorde nulle part le droit de saisie à un créancier à terme, et à plus forte raison à un créancier condition- nel. Or relativement aux termes à échoir, la créance du bailleur présente quelque chose de conditionnel, puis- qu'elle est subordonnée à la jouissance de la chose, jouissance dont la continuation peut être interrompue par la perte fortuite de la maison ou de la ferme (art. 1722 et 1769-1771).

2ᵉ *Hypothèse.* — Le locateur se trouve en conflit avec d'autres créanciers qui viennent lui disputer son gage. C'est alors que le privilége trouve son application ; mais dans quelles limites l'exercice en est il renfermé ? Le Code Napoléon organise à cet égard un système com- plexe, qui, basé sur les principes relatifs à la preuve des obligations vis-à-vis des tiers, repose tout entier sur une présomption de bonne ou de mauvaise foi.

Le bail est-il authentique, ou bien, étant sous signa- ture privée, a-t-il acquis date certaine avant la faillite ou la saisie ? On sait qu'au moment du contrat, le loca- taire ou fermier était encore dans la plénitude de son droit ; on n'a pas à redouter qu'au moyen d'un bail nouveau, changeant les conditions du premier, il vienne frauduleusement étendre, au préjudice de la masse des créanciers, le privilége du bailleur. Le bail doit donc être présumé sincère, et alors le privilége s'exerce dans le sens le plus étendu, non-seulement pour les termes échus et le terme courant, mais encore pour les termes à échoir, en un mot pour tout le passé, tout le présent et tout l'avenir.

Toutefois, remarquons-le bien, cette présomption de sincérité peut-être attaquée par les autres créanciers du preneur, et elle tombera, nonobstant l'authenticité de l'acte, ou l'existence de la date certaine, s'il est établi que le bail a été fait frauduleusement, dans la prévision d'une faillite prochaine ou d'une saisie imminente (art. 1167 Code Napoléon, et 447 Code commerce). Dans ce cas, les créanciers feront annuler, suivant les circonstances, soit le bail en son entier, soit celles des clauses qui seront reconnués frauduleuses.

Nous avons dit tout à l'heure que le privilége du bailleur avait la même étendue au cas d'un bail authentique que d'un bail sous signature privée ayant date certaine. Cela n'est pas contestable si l'on suppose que l'événement qui a fixé la date du contrat, son enregistrement, par exemple (art. 1328), soit arrivé le jour même de l'entrée en jouissance. Mais que décider si le bail n'a acquis date certaine que plus tard? Selon quelques auteurs, le bailleur, dans cette hypothèse, n'aura de privilége que pour les loyers échus depuis l'époque où le bail a acquis date certaine. En effet, disent-ils, la théorie de la loi est basée sur les principes relatifs à la preuve des obligations. Or, de droit commun, ce n'est que du jour où ils ont acquis date certaine que les actes sous seing privé peuvent être opposés aux tiers (Grenier, tome 2, n° 309; Tarrible, *Répert*, v° *Privil.*, sect. 3, § 2, n° 5; Persil, art. 2102, § 1, n° 15; Dalloz, *Privil.*, n° 16; Pont, tome 1, n° 126, page 85).

Nous ne pouvons, quant à nous, admettre cette doctrine. L'art. 2102 met sur la même ligne l'acte authentique et l'acte sous seing privé ayant date certaine. Dans cette assimilation, il ne distingue nullement suivant que cette date concorde avec le jour de l'entrée en jouissance, ou se réfère à une époque postérieure au commencement du bail. Il faut donc reconnaître que le privilége s'exerce pour tous les loyers ou fermages, y compris ceux mêmes qui sont échus avant que le bail ait acquis date certaine. Telle était la solution admise déjà dans notre ancienne jurisprudence. Denizart, dans sa note sur l'acte de notoriété du 24 mars 1700, observe que lorsque « le bail » sous seing privé a été reconnu en justice avant la » saisie des meubles du locataire, faite par quelqu'un » de ses créanciers, il donne au bailleur la même pré- » férence que s'il était devant notaire. » Si l'on refuse le privilége pour ce qui est échu avant que le bail ait acquis date certaine, c'est sans doute par crainte de la fraude ; on a peur que les parties ne s'entendent pour substituer au bail primitif un acte contenant des conventions différentes. Mais alors ce ne sont pas seulement les loyers échus, qu'il faudrait exclure du privilége, ce sont aussi, et même principalement, les loyers à échoir. Or, en présence des termes si positifs de la loi, est-il possible d'aller jusque-là? Ainsi, jusqu'à preuve contraire, il faut tenir pour constant que le bail, au moment où il a acquis date certaine, existait encore tel qu'au premier jour ; et comme à ces deux époques le preneur était capable de contracter, il faut dire que le bail est opposable à la masse de ses créanciers, à moins qu'ils ne prouvent l'existence de la fraude (Valette , n° 62 ; Demante , *Revue étrangère*, tome 9, p. 719 ; Mourlon, *Exam. critique*, n° 102).

Lorsque le bail est sous signature privée et sans date certaine, on ignore si, au moment du contrat, le locataire ou fermier n'était pas déjà, par suite de la faillite ou de la saisie, incapable de grever ses meubles d'un droit de préférence au profit d'un tiers, et l'on peut craindre, en tout cas, qu'entre lui et le bailleur, il ne s'établisse un concert frauduleux. Le bail est donc suspect, et alors le privilége ne s'exerce pas pour tout ce qui est à échoir. Cependant comme il se peut, au fond, que le louage soit sincère, et qu'il ait précédé le dessaisissement, la loi a cru devoir lui donner un certain effet pour l'avenir. Aux termes de l'art. 2102 1°, le privilége du bailleur s'exerce dans ce cas pour une année, à partir de l'expiration de l'année courante.

Ainsi sont exclues du privilége toutes les années à échoir sauf une seule, l'année qui suit l'expiration de l'année courante. Quant à l'année courante, et aux années précédemment échues, sont-elles privilégiées ? La loi ne s'en explique pas ; aussi trouvons-nous sur ce point plusieurs systèmes en présence.

Dans un premier système soutenu par de nombreux auteurs, consacré par la Cour de cassation et presque universellement admis dans la pratique, (Dalloz, *Privil.*, n° 20 ; Duranton, tome 19, n° 92 ; Zachariæ, tome 2, page 109, note 12 ; Troplong, tome 1, n° 150 ; Taulier, tome 7, page 143 ; Cassation, 28 juillet 1824 ; Requêtes, 6 mai 1835 ; Rouen, 22 août 1821 et 12 juillet 1823 ; Grenoble, 23 mars

1838 ; Rouen, 25 avril 1842 ; Douai, 29 août 1842 ; Lyon , 28 avril 1847 ; Metz , 6 janvier 1859) , on accorde au bailleur un privilége , non-seulement pour l'année qui suit l'année courante, mais pour l'année courante elle-même , et toutes les années échues ; en un mot , pour tout le passé , tout le présent et une année dans l'avenir. Que le privilége existe pour l'année courante, cela est tout naturel, et le doute à cet égard était si peu possible, que la loi n'a pas cru nécessaire de s'en expliquer. Comment en effet, sans la plus étrange contradiction, accorder au bailleur le droit exorbitant de se faire payer par anticipation des loyers qui, peut-être, ne lui seront jamais dus, et lui refuser, au contraire, de se faire colloquer pour les loyers de l'année présente, qui sont souvent presque entièrement échus? Si, pour une année à venir, le bail est réputé sincère, ne doit-il pas l'être aussi, et à plus forte raison, pour l'année courante, alors que la réalité des faits vient en démontrer matériellement l'existence.

Quant aux loyers ou fermages des années antérieures, il n'y a pas de raison pour les traiter autrement que les termes échus de l'année courante. Si l'art. 2102 restreint à une année dans l'avenir le privilége du bailleur, il ne pose, relativement au passé, aucune limite analogue. En effet, après avoir établi d'une manière générale que le privilége a lieu pour tout ce qui est échu, il ajoute : et *pour tout ce qui est à échoir*, et c'est alors seulement qu'il distingue entre les baux qui ont ou qui n'ont pas date certaine.

Ce n'est, du reste, qu'en ce qui concerne les loyers

ou fermages à échoir, qu'il importe de restreindre le privilége du bailleur dont le titre n'a pas date certaine. Il pourrait se faire entre lui et son preneur un arrangement frauduleux, pour exagérer, au préjudice des autres créanciers, le nombre des années de bail à courir. Quant aux années échues, la restriction du privilége serait sans utilité. Quelles sont en effet les fraudes à prévenir? La suppression des quittances? mais rien ne peut l'empêcher, et la date certaine de l'acte n'y met aucun obstacle. L'augmentation simulée du prix véritable? mais elle sera facilement découverte, soit au moyen d'une expertise, soit même par la notoriété publique, car dans chaque pays le prix de location a des bases à peu près certaines. D'ailleurs, si cette fraude était sérieusement à craindre, ce ne sont pas seulement tous les loyers échus, mais encore et surtout tous les loyers à échoir qu'il faudrait exclure du privilége; car cette créance est beaucoup moins favorable que l'autre. Or, le privilége existe pour une année dans l'avenir. Serait-ce enfin qu'on redoutât l'exagération du nombre des années échues, par la production d'un bail frauduleux qui recule l'époque de l'entrée en jouissance? mais cette collusion est trop facile à découvrir pour être bien dangereuse; le fait public de l'occupation des lieux par le preneur n'est-il pas là pour établir la date précise du commencement du bail? Ainsi, des trois fraudes que nous venons de signaler, il n'y en a aucune qui présente d'assez sérieux dangers pour que la loi ait cru nécessaire de les prévenir, en excluant du privilége toutes les années échues. La preuve qu'elle n'a entendu limiter que pour l'avenir le privilége indéfini, qu'en principe elle assure au bailleur, ressort claire- ment de l'art. 820, Proc. civ., qui parle des fermages ou loyers *dus* sans aucune distinction, et de l'art. 819 du même Code, qui permet au propriétaire et prin- cipaux locataires, soit qu'il y ait bail, soit qu'il n'y en ait pas, d'exercer leur privilége, par voie de saisie- gagerie, pour loyers et fermages *échus*.

Et qu'on ne vienne point ici objecter l'usage du Châtelet de Paris, qui n'accordait le privilége que pour trois termes échus et le courant, lorsque le bail était verbal ou sous signature privée. Le Code Napo- léon a textuellement dérogé à cet usage, en accordant une année entière, à partir de l'expiration de l'année courante; par suite, rien d'étonnant qu'il s'en soit écarté aussi pour comprendre dans le privilége tous les termes échus.

L'usage de Paris, d'ailleurs, était conçu très-logi- quement : d'une part, le bailleur ne pouvait se plaindre de ce que tous les termes à échoir, sauf le terme cou- rant, étaient en dehors du privilége, puisque les loyers à venir ne lui étaient pas encore dus; et d'autre part, il ne pouvait se plaindre non plus de la restriction portant sur les années échues, car il n'encourait cette dechéance qu'autant qu'il avait laissé écouler trois termes sans exiger son payement.

A quels résultats, au contraire, ne serait-on pas con- duit si l'on excluait du privilége toutes les années échues? Que la saisie des biens du preneur ait lieu le lendemain de l'expiration du bail, et alors, comme il n'y a plus ni année courante ni année à échoir, le propriétaire sera privé de toute garantie. Se peut-il que la loi ait consacré une aussi dangereuse inconséquence ? N'est-il pas plus vraisemblable que le Code Napoléon a pris un moyen terme entre l'usage d'Orléans, qui accordait le privilége pour toutes les années échues et à échoir, et la pratique du Châtelet de Paris, qui le refusait pour l'avenir, et le limitait dans le passé à une assez courte durée ?

Telles sont les principales considérations sur lesquelles repose ce système. Sans en méconnaître la force, nous croyons qu'on peut victorieusement y répondre, et nous allons essayer de prouver que cette opinion ne saurait être admise, parce qu'elle n'est pas conforme au véritable sens de la loi, et qu'elle ne tient aucun compte de dangers fort sérieux qui ont à bon droit fixé l'attention du législateur.

Et d'abord, il est impossible, en lisant l'art. 2102 1°, avec sa ponctuation officielle, de voir dans ce texte ce qu'on prétend y trouver. Les mots : *pour tout ce qui est échu,* sont écrits dans la première phrase sans que rien nous indique qu'il faille les appliquer à tout ce qui va suivre. Cela serait admissible si, posant en principe que le privilége du bailleur s'exerce pour tout ce qui est échu et tout ce qui est à échoir, la loi venait ensuite, comme par exception pour le bail sans date certaine, en limiter l'étendue relativement à l'avenir. Mais rien de semblable n'a lieu : deux cas distincts sont successivement prévus, et chacun reçoit une solution différente. Si le bail a date certaine, le privilége existe pour les années échues et à échoir. Voilà la règle du premier cas : elle est complétement étrangère au second. Lorsque le bail n'a pas date certaine, la loi n'accorde le privilége que pour une fraction de ce qui est à échoir, l'année qui suit l'expiration de l'année courante. Quant aux années échues, elle n'en parle pas: et elle n'avait pas besoin d'en parler, puisque d'une part elle ne voulait pas les comprendre dans le privilége, et que d'autre part, ne les ayant pas comprises dans le privilége, elle n'avait pas à les en exclure.

Ainsi de l'art. 2102 1°, sainement interprété, il résulte la preuve que le législateur a entendu distinguer, quant aux termes échus, suivant que le bail a ou non date certaine. Si quelque doute était encore possible à cet égard, il suffit pour le faire disparaître de remonter aux précédents historiques de cette disposition, et aux circonstances sous l'empire desquelles elle a été rédigée.

Dans la pratique du Châtelet de Paris, le propriétaire qui avait un bail authentique, était privilégié pour tous les termes échus et à échoir; lors, au contraire, que le bail n'était que verbal ou sous seing privé, le privilége ne comprenait plus que trois termes échus et le terme courant. La coutume d'Orléans n'admettait aucune distinction : que le bail eût ou non date certaine, le propriétaire était privilégié pour toutes les années échues et à échoir.

De ces deux systèmes, si complétement opposés, c'est le premier que les rédacteurs du Code ont voulu reproduire. La distinction admise par le Châtelet de Paris se retrouve formulée dans l'art. 8 du Projet : « Le » propriétaire a un privilége, savoir, pour tout ce qui » est échu et pour le terme courant, si les baux sont

» authentiques ; et à défaut de baux authentiques ou
» lorsque, étant sous signature privée, ils n'ont pas
» date certaine, pour une année seulement, y compris
» le terme courant. »

En présence de ce texte, il est évident que les auteurs du Projet ne se préoccupent de la certitude ou
de l'incertitude de la date des baux que pour faire varier en plus ou en moins l'étendue du privilége, en ce
qui concerne les loyers échus ; puisque les loyers à
échoir ne sont, dans aucune des deux hypothèses, compris dans le privilége.

Mais l'art. 8 du Projet, avant d'arriver à sa rédaction définitive, telle que nous la voyons dans
l'art. 2102 1°, a subi des modifications nombreuses et
profondes. Il faut donc rechercher si, au milieu de ces
changements, le législateur n'a point perdu de vue le
principe qui avait été son point de départ. Le Projet
soumis aux tribunaux sembla à quelques-uns, ne
point faire au bailleur une situation assez favorable.
Le Tribunal de cassation demanda que dans le cas de
bail authentique, le privilége fût accordé pour l'année
courante et une année à échoir. Le Tribunal de Paris
réclama l'extension du privilége à toutes les années à
venir, quand le bail a date certaine. Ces observations
furent admises, et l'art. 8 fut modifié dans ce sens.
Quant à la distinction par lui faite, relativement aux
loyers échus, entre les baux qui ont et ceux qui n'ont
pas date certaine, elle ne souleva, de la part des tribunaux, aucune critique, elle fut donc maintenue, et nous
la retrouvons reproduite en effet, dans l'art. 2102 1°.

La discussion devant le conseil d'État (Locré, tome 16,

pag. 241 et 252; Fenet, tome 13, page 352), loin de
contredire notre interprétation, lui prête une nouvelle
force. Nous y voyons MM. Bégouen et Defermon atta-
quer, quant aux biens ruraux, la restriction du privilége relativement aux loyers échus, au cas de bail sans
date certaine, en disant que le système proposé a l'inconvénient *d'obliger le propriétaire à être rigoureux avec
son fermier et d'exposer le bailleur à perdre les fermages
arriérés.* Ces objections ne sont-elles pas la preuve que
les loyers échus, compris dans le privilége, si le bail
a date certaine, en sont exclus dans l'hypothèse op-
posée ?

Cette exclusion, du reste, n'a rien de surprenant. De
même que, relativement aux loyers à échoir, la fraude
est ou n'est pas à craindre, suivant que le bail n'a pas
ou qu'il a date certaine, de même en ce qui concerne
les loyers échus, elle présente un danger plus réel et
plus grave dans le premier cas que dans le second.

Ainsi la suppression des quittances, possible même
malgré l'authenticité du bail, est plus redoutable lorsque le titre n'a pas date certaine. Il se peut, par exemple, que le preneur, au moment du contrat, en vertu
d'une clause particulière, paye un terme ou deux par
anticipation ; si l'acte qui contient la preuve de ce
payement, n'a pas date certaine, rien de plus facile
que de le faire disparaître, en substituant au titre primitif un titre fait après coup.

L'exagération du prix, qui ne saurait avoir lieu dans
les baux ayant date certaine, peut facilement se produire dans les autres, et presque toujours, si les parties
ne sont point sorties des limites raisonnables, la fraude

passera inaperçue. L'expertise est un remède impuissant et souvent dangereux : si le prix du bail était faible dans le principe, les parties pourront impunément l'élever dans une certaine mesure ; si dès l'origine il était considérable, les experts prendront pour frauduleux le prix véritable.

Quant à l'exagération du nombre des années échues, elle sera le plus souvent, il est vrai, rendue impossible par la notoriété de l'entrée en jouissance et la facilité d'en établir précisément la date. Mais il peut arriver que des clauses particulières du bail, en réservant pour le fermier sortant ou le propriétaire certains droits, certaines récoltes à faire, par exemple, fassent de l'entrée en jouissance un fait complexe, et, pour ainsi dire, successif, dont l'époque réelle ne peut être sûrement déterminée par le témoignage.

Sérieuses ou non, du reste, ces fraudes n'ont point été sans faire impression sur les rédacteurs du Code. La preuve qu'ils ont redouté, quant aux années échues, une collusion frauduleuse entre le propriétaire et le preneur, ressort avec une singulière évidence de la discussion au conseil d'État. MM. Bégouen et Defermon attaquèrent la restriction du privilége, au cas de bail sans date certaine, relativement aux loyers échus, en faisant observer qu'elle expose le propriétaire à perdre les loyers ou fermages arriérés, et que la notoriété du bail et l'intérêt opposé des parties rendent la fraude difficile et peu vraisemblable. Mais M. Berenger répondit « que la collusion serait possible si l'on ac-
» cordait aux baux sous seing privé un privilége qui
» primerait les créances dont la date serait certaine. »

M. Treilhard trouva cette réflexion décisive, et il ajouta : « Si le fait du bail est notoire, les conditions » ne le sont pas; *ainsi rien n'est plus facile au proprié-* » *taire que de se concerter avec le fermier pour exagérer* » *le prix de la ferme et frustrer les créanciers.* »

Il ne nous reste plus maintenant qu'à répondre à l'argument tiré des art. 819 et 820, Proc. civ. C'est à tort, selon nous, qu'on a cru pouvoir conclure de ces textes que les loyers échus sont dans tous les cas compris dans le privilége. Ces articles, en effet, ne sauraient avoir dans la question une grande autorité. Ils appartiennent au Code de procédure, et il est de principe que les règles de ce Code ne sont, à moins d'une dérogation formelle, que la mise à exécution des principes consacrés dans le Code Napoléon. Or quelle dérogation les art. 819 et 820 Proc. civ. apportent-ils à l'art. 2102 1°, C. N. ? Dira-t-on que ne parlant que des loyers ou fermages échus, ils excluent du privilége les loyers non encore échus, soit pour l'année courante, soit pour les années ultérieures? Mais cela est démenti par les faits. M. Tarrible, dans son discours au Corps législatif sur les six premiers titres du liv. Ier de la 2e partie du Code de procédure explique les art. 819 et 820, en rappelant que le Code civil a accordé au propriétaire un privilége pour l'entière exécution du bail, si ce bail a date certaine; et pour *l'exécution de l'année courante et de la suivante,* lorsque le bail n'a ni authenticité ni date certaine (Locré, tome 23, pages 167 et 168.)

Ainsi donc les années échues ne sont pas comprises dans le privilége du bailleur dont le titre n'a pas date certaine. Mais le privilége qui lui appartient dans ce cas, se borne-t-il à l'année qui suit l'expiration de l'année courante, ou bien s'étend-il à l'année courante elle-même? Telle est la question qui nous reste à résoudre.

Dans un premier système (Grenier, tome 2, n° 309;) Favard de Langlade, v° *Privil.*, sect. 1re, § 2, n°. 4; Bordeaux, 12 juin, 1825 et 17 décembre 1839), on n'accorde au bailleur de privilége que pour l'année qui suit l'expiration de l'année courante. Les priviléges, en effet, ne peuvent s'établir par interprétation, ce n'est pas avec de simples arguments d'analogie ou par *a fortiori* que l'on peut créer de pareilles dérogations au droit commun ; il faut pour les justifier un texte et un texte formel. Or, que dit l'art. 2102 ? Le locateur aura privilége pour une année seulement ; et cette année est prise tout entière dans l'avenir, puisqu'elle a pour point de départ l'expiration de l'année courante.

Dans la pratique du Châtelet de Paris, le propriétaire qui n'avait pas de bail notarié n'était privilégié que pour les trois derniers termes échus et le terme courant, c'est-à-dire en tout pour une année. Telle est la règle que les rédacteurs du Code ont voulu reproduire. Ils accordent également le privilége pour une année ; mais au lieu de placer cette année presque tout entière dans le passé, ils la rejettent au contraire tout entière dans l'avenir.

La preuve, au surplus, que le législateur n'a pas entendu, au cas de bail sans date certaine, comprendre dans le privilége les loyers ou fermages pour plus d'une année, résulte clairement de la discussion au conseil d'Etat. M. Treilhard, soutenant la disposition qui restreint le privilége à une année à partir de l'expiration de l'année courante, la justifiait en disant : « La section « (de legislation) aurait craint de donner ouverture à la « collusion, si elle eût attaché aux baux qui n'ont pas « date certaine l'effet de donner un privilége *pour un* « *temps plus long que l'espace d'une année.* » Malgré les objections de M. Bégouen et Defermon, les rédacteurs du Code, se rendant aux motifs exprimés par M. Treilhard, adoptèrent l'article dans les termes où il avait été proposé. Leur intention de restreindre le privilége à une seule année ne peut donc être douteuse. Cette restriction, d'ailleurs, présente l'avantage de prévenir les fraudes qu'amènerait un concert frauduleux entre le bailleur et le locataire pour grossir le prix ou reculer l'époque de l'entrée en jouissance. Ces fraudes, dont la découverte est souvent difficile, pourraient, suivant la remarque de M. Treilhard, causer le plus grave préjudice aux autres créanciers, si le privilége était exercé pour plus d'une année.

Ce n'est point là encore l'opinion que nous croyons devoir adopter. Si elle trouve un appui dans le texte littéral de l'art. 2102, elle méconnaît son véritable sens, et prête aux rédacteurs du Code une décision repoussée par la logique. Nous croyons donc avec les partisans du deuxième système (Delvincourt tom. 3, pag. 151, not.; Persil, art. 2102 1°, n° 22; Vallette n° 63; Pont, tom. 1, pag. 88 et 89, n° 127; Coulon, tom. 2, pag. 81 ; Demante, *Revue étrangère*, tom. 9 , pag. 697), que le privilége du bailleur s'exerce non-seulement pour l'année qui suit l'expiration de l'année cou-

rante, mais pour cette année elle-même. Si dans le texte
de la loi, il n'est pas question de l'année courante,
c'est que, relativement à cette année, aucun doute sérieux ne pouvait s'élever. Le locataire étant en possession , l'existence du bail est prouvée , quant à
l'année actuelle, par l'évidence des faits, tout aussi
bien que si l'acte avait date certaine. Il n'y avait de
difficulté possible que relativement aux années à
échoir ; aussi la loi a-t-elle eu soin d'allouer expressément le privilége pour l'année suivante. Ne serait-il
pas, d'ailleurs, déraisonnable d'admettre que, pour
l'année qui suit l'année courante, pour des loyers à
échoir, en vertu d'un bail peut-être inexistant, il y eût
un privilége ; et qu'il n'y en eût pas pour l'année courante, pour des loyers presque entièrement échus et résultant d'un bail réel et certain? Cette interprétation de
l'art. 2102 est précisément celle qui a été produite au
Corps législatif, à l'occasion des art. 819 et 820 Proc.
civ., qui sont la mise en œuvre des principes du Code
Napoléon sur le privilége du bailleur.

Mais ici se présente une objection. Pourquoi exclure les années échues, alors qu'on admet l'année
courante et l'année qui la suit? Est-ce que l'exagération du prix est plus à craindre dans le premier cas
que dans le second? Si , malgré la prévision de cette
fraude, la loi n'a pas hésité à comprendre dans le
privilége l'année courante et l'année qui la suit, elle
n'a pas dû hésiter davantage quant aux autres années
échues, autrement elle aurait commis une grave inconséquence. A cela il y a deux réponses à faire : d'a-
bord, sans parler de l'exagération du prix qui se fait

sentir pour toutes les années du bail passées, présentes ou à venir, il existe une autre fraude, la suppression des quittances, qui ne peut guère se produire que pour les années échues. C'est ainsi que la loi a pu logiquement les exclure, sans frapper de la même exclusion l'année présente et l'année qui la suit. Enfin, quand bien même la crainte de l'exagération du prix aurait été le motif de la restriction du privilége, en ce qui concerne les années échues, la loi ne mériterait pas le reproche d'inconséquence. Le bail est suspect quand il n'a pas date certaine ; il y aurait donc danger à admettre le privilége dans toute son étendue. Cependant, il est possible que le bail soit sincère ; il y aurait donc de l'injustice à refuser complétement le privilége. En présence de cette incertitude, la loi a cru devoir faire une transaction : de là, d'une part, l'exclusion des années échues, d'autre part, l'admission de l'année courante et de la première des années à échoir.

La préférence qu'elle accorde sur les années échues à l'année courante et à celle qui la suit a, du reste, sa raison d'être. Quant aux loyers ou fermages des années échues, le bailleur est en faute de n'avoir pas exigé le payement, tandis qu'en ce qui touche l'année courante et la première des années à échoir, le même reproche ne peut pas lui être adressé. Cependant on insiste et l'on dit : qu'arrivera-t-il si la faillite du locataire ou la saisie de ses biens arrive le lendemain de l'expiration du bail? Le locataire restera alors complétement dépourvu de privilége : il n'en aura ni pour l'année courante, ni pour la première année à échoir, puisqu'il n'y aura dans l'espèce que des années échues. Cette conséquence est inadmissible : le principe d'où elle dérive n'est donc point fondé.

Cette objection, quoique spécieuse n'est point embarrassante. Elle est en effet tirée d'une hypothèse bizarre et tout exceptionnelle : la loi n'a pu tenir compte d'une situation aussi invraisemblable. Comme le bailleur n'attend pas d'ordinaire l'expiration du bail pour poursuivre le locataire ou le fermier en retard, elle a raisonné dans l'hypothèse, la seule admissible, d'une saisie pratiquée ou d'une faillite arrivée pendant le cours du bail. Ainsi nous persistons à croire que l'année courante est privilégiée commme l'année qui la suit.

Un mot, en terminant, d'un quatrième système proposé il y a quelques années par M. Mourlon (*Comm. théor. et prat.*, n° 101). Le propriétaire, dit-il, dont le bail n'a point date certaine a un privilége pour une année? A ne considérer que le sens grammatical et habituel des mots, l'année privilégiée est celle qui vient immédiatement après l'année courante, c'est-à-dire, la première des années à échoir. Mais ne se peut-il point, d'une part, que la loi ait, par inadvertance, pris l'année courante pour le terme courant, et d'autre part, qu'elle ait déterminé l'année privilégiée, non point en remontant dans l'avenir à compter de l'expiration du terme courant, mais en retournant en arrière à partir du même point de départ? Le locateur aurait ainsi un privilége pour une seule année qui, se comptant de même que dans l'ancien usage du Châtelet de Paris, c'est-à-dire en descendant en arrière à partir de l'expiration du terme courant, se composerait du terme courant non encore échu et des trois derniers termes échus. Sans nous arrêter aux considérations que M. Mourlon fait valoir en faveur de cette interprétation, il nous suffira de dire pour l'écarter, qu'elle prête gratuitement au législateur une suite de non sens, et le plus inconcevable oubli de la signification réelle et de la véritable portée des termes qu'il emploie. Une pareille doctrine se réfute d'elle-même par l'invraisemblance des suppositions sur lesquelles elle se fonde.

Tout ce que nous venons de dire, sur l'exercice et l'étendue du privilége du bailleur, s'applique au cas de saisie comme au cas de faillite, lorsque les objets mobiliers garnissant les lieux sont vendus par les créanciers qui s'en distribuent le prix. Mais si cette vente des choses qui forment le gage du bailleur ne se produit pas, la faillite aura-t-elle encore pour effet de donner au propriétaire le droit d'invoquer son privilége? Pourra-t-il, en un mot se prévaloir du jugement déclaratif de faillite pour réclamer le payement immédiat des loyers ou fermages à échoir? C'est là une question d'un intérêt tout actuel et de la plus haute importance pratique ; il nous faut maintenant l'étudier.

Se fondant sur les art. 1188 C. N. et 444 C. com., qui prononcent, d'une manière générale, contre le débiteur failli la déchéance du terme, et l'exigibilité anticipée des dettes non échues, le bailleur s'est cru le droit d'exiger des syndics le payement intégral et immédiat des loyers à échoir jusqu'à la fin du bail. Cette prétention, malgré tout ce qu'elle a d'exorbi-

tant et de désastreux pour la masse, a été favorablement accueillie par la jurisprudence, et plusieurs juge-
ments et arrêts l'ont, en peu de temps, consacrée. Le
commerce s'en est ému, il a protesté, et nous retrouvons, dans un discours prononcé le 6 juillet 1861 par
M. le président Denière, lors de l'installation des nou-
veaux membres du Tribunal de commerce de Paris,
l'expression de ces inquiétudes et de ces réclamations.
« Sans nous appesantir sur les conséquences de ces
» décisions judiciaires qui, entre autres résultats re-
» grettables, mettent aux mains du propriétaire, avec
» le capital de la créance non échue, les intérêts de
» ce capital, nous ferons remarquer que si la législa-
» tion, telle qu'elle est interprétée, était maintenue,
» l'actif des faillites serait menacé de disparaître en
» entier, et la ruine de la généralité des masses de
» créanciers serait fatalement consommée. Il n'entre
» point dans notre pensée de contester la juste pro-
» tection qui est due aux droits et aux intérêts des
» propriétaires; mais la même protection n'est-elle
» pas due aux commerçants, aux créanciers qui ont
» fait foi et confiance à un débiteur? Ces considéra-
» tions d'équité militent en faveur d'une réforme lé-
» gislative que l'intérêt et la sécurité du commerce
» rendent non-seulement nécessaire, mais encore ur-
» gente. »

Quelques mois plus tard, à l'audience de rentrée de
la Cour de cassation, le 4 nov. 1861, M. l'avocat général Blanche, faisant allusion aux paroles que nous
venons de citer, recommandait à la plus sérieuse attention la demande faite par M. Denière d'une pondération

plus rationnelle et plus équitable entre les intérêts des créanciers et ceux du propriétaire des lieux loués au failli. Il ajoutait, du reste, que la jurisprudence de la Cour de cassation était allée en quelque sorte au-devant de l'une des réformes considérées comme urgentes par M. le président du Tribunal de commerce, en imposant de sages limites aux droits exorbitants que le propriétaire voulait s'arroger (arrêt Cassat., 4 janv. 1860). Cet exemple de la Cour de cassation, qui a su trouver, dans la législation actuellement en vigueur, le principe d'une décision qu'on semblait n'attendre que d'une loi nouvelle, doit nous rendre suspecte cette prétendue nécessité d'une réforme législative que le commerce réclame. Avant d'en appeler au législateur, il faut se demander si notre droit actuel n'a pas réellement établi, entre les intérêts du bailleur et ceux des créanciers chirographaires du locataire failli, un juste et raisonnable équilibre, et si ce n'est pas par suite d'une interprétation erronée qu'on l'a accusé de n'avoir point su concilier ces deux droits rivaux. Quant à nous, nous croyons que la loi, telle qu'elle est, pourvu qu'on n'en fasse point une fausse application, suffit à tous les besoins, et que, favorable au bailleur, elle n'encourage cependant en aucune façon les prétentions exagérées qu'il a mises en avant.

Quelques jurisconsultes ont soutenu que la créance du bailleur étant subordonnée à la jouissance effective de la chose louée par le locataire, est une créance conditionnelle jusqu'à la jouissance correspondante dont les loyers sont en quelque sorte le prix, et que, par conséquent, elle échappe à la disposition des

art. 1188 et 444, qui ne rendent exigibles que les créances à terme. Mais cette doctrine ne nous paraît pas
admissible. De ce que la créance des loyers a pour cause
la jouissance de l'immeuble loué, et qu'il peut arriver
que la perte de la chose vienne enlever au preneur son
droit à la jouissance, comme au bailleur son droit aux
loyers, il ne s'ensuit pas que les obligations résultant
du bail soient conditionnelles. S'il en était ainsi, tout
contrat synallagmatique ne produirait que des obligations conditionnelles. La seule condition qu'il soit
possible de trouver dans le bail et dans tous les contrats du même genre, c'est une condition résolutoire
pour le cas où l'une des parties ne satisfait point à ses
engagements (art. 1184 C. N.). Cette condition ne met
nul obstacle à l'exécution préalable du contrat par
l'une des parties ; la preuve, c'est qu'on convient souvent que les loyers seront payés d'avance, et que le
législateur lui-même, dans l'art. 2102, décide que la
créance des loyers à échoir peut devenir exigible par
anticipation. Le payement des loyers n'est donc pas
subordonné à la jouissance du locataire comme à une
condition suspensive. Décider le contraire, ce serait
dépasser le but, puisqu'on arriverait à refuser au bailleur le droit, non-seulement de commencer des poursuites sitôt après le jugement déclaratif de faillite,
mais encore de recevoir par avance le payement des
loyers à venir, dans l'hypothèse même de la vente des
objets qui forment son gage. Conséquence inadmissible et que les partisans du système que nous com-
battons seraient eux-mêmes les premiers à repous-

ser (Bertin, *Droit* 14, 16, 17, 18 déc. 1861 ; *Id.*, Alauzet).

Mais si l'on ne peut écarter l'application des art. 1188 Code Napoléon et 444 Code de commerce, par des raisons tirées du prétendu caractère conditionnel de la créance du bailleur, faut-il les appliquer à la lettre, et avec toutes leurs conséquences ? Cela nous paraît impossible. Que l'exigibilité anticipée des dettes du failli permette au bailleur de se faire payer, sans escompte et par préférence à la masse, le montant de ses loyers à échoir, sur le prix des objets mobiliers garnissant les lieux loués, lorsqu'ils sont vendus à la requête des syndics, nous l'admettons volontiers. Mais nous ne pouvons admettre qu'elle lui donne le droit de poursuivre la vente des choses qui forment son gage, pour toucher dès à présent, le montant d'une créance qui n'est pas échue. C'est dans cette distinction que se trouve, selon nous, la vérité. Pour le démontrer, nous allons rechercher pour quels motifs le jugement déclaratif de faillite rend exigibles les dettes non échues, et dans quelle mesure ces motifs s'appliquent à la créance du bailleur.

Quand on accorde crédit à son débiteur, c'est qu'on a foi dans sa solvabilité. Vient-il à tomber en faillite, cette confiance ne peut plus exister, et le terme est désormais sans cause. Voilà une première raison de l'exigibilité anticipée des dettes non échues. Etrangère au bailleur, sous un certain point de vue, elle le concerne directement sous un autre. Le bailleur, en effet, a une double qualité : il est créancier, et à ce titre, il n'a pas moins de droits qu'un créancier chirographaire ; il est en outre privilé-

gié, et comme tel, il jouit d'avantages spéciaux. En tant
que privilégié, il conserve, après le jugement déclaratif,
la même position qu'il avait avant la faillite; les choses
affectées à la sûreté de sa créance continuent à demeurer son gage; ses garanties ne sont nullement dimi-
nuées par le changement survenu dans la situation générale du débiteur; il ne peut donc puiser, dans ces faits
qui ne le touchent en rien, le principe d'un droit nouveau. Créancier privilégié, il est en dehors de la faillite; il ne peut donc invoquer l'exigibilité résultant de
la faillite pour se faire payer sur-le-champ, et par préférence aux autres créanciers, des loyers non encore
échus.

En tant que créancier ordinaire, il souffre de l'insolvabilité de son débiteur, comme tous ceux qui ne se
sont pas d'avance prémunis contre elle; mais il est soumis à la règle commune; confondu dans la masse des
créanciers chirographaires, il n'a pas le droit de faire
des actes d'expropriation sur les biens de son débiteur;
il doit donc laisser aux syndics le soin d'en opérer la
vente.

La seconde raison de l'exigibilité anticipée des
dettes du failli, c'est de rendre plus facile et plus
prompte la liquidation de l'actif du débiteur. S'il avait
fallu attendre l'échéance des diverses créances, ou en
tenir compte dans la répartition, c'eût été une source
de difficultés, de complications et de lenteurs. Ce motif, on le comprend aisément, s'applique aussi bien à la
créance privilégiée du bailleur, qu'au droit chirographaire du premier venu des créanciers de la masse. Il
était donc naturel d'admettre le bailleur aux distribu-

tions qui se font au marc le franc. Mais il fallait de plus le colloquer, à son rang et par préférence à la masse, sur le prix des biens mobiliers affectés à la garantie de sa créance. Cela était de toute justice, puisqu'on lui enlevait son gage, et de toute nécessité, puisqu'on ne pouvait disposer de ce prix à son détriment, sans s'exposer à des recours et à des restitutions.

En résumé, ce qu'on peut légitimement conclure des art. 1188 Code Napoléon, et 444, Code de commerce, c'est que l'exigibilité anticipée des dettes non échues n'a aucune influence sur le droit de poursuite individuelle du bailleur, et qu'elle ne lui permet que de prendre part aux répartitions de l'actif du locataire failli, même pour ses loyers non échus.

Donner à ces articles une portée plus radicale et plus absolue serait dépasser les exigences de la logique et de l'équité; et comme le dit très-bien l'ingénieux auteur (M. Labbé, *Journal de Palais*, tome 73, année 1862, page 7-16; Arrêts, Angers 15 mai et Paris, 12 décembre 1861), du système que nous exposons ici, « ce serait par une conséquence déduite de la faillite, entraver la marche de la faillite elle-même; « ce serait, en permettant une poursuite individuelle prématurée, créer un obstacle au rétablissement du débiteur à la tête de ses affaires par le « concordat. »

A cette interprétation qu'oppose-t-on ? La généralité de la formule adoptée par les art. 1188 et 444 qui ne distinguent pas entre les créanciers purs et simples et les créanciers hypothécaires ou privilégiés. Mais cette absence de distinction ne prouve absolument rien;

puisque l'exigibilité anticipée profite. aussi dans une certaine mesure aux créanciers munis de sûretés spéciales. N'est-ce pas d'ailleurs dans l'intérêt du débiteur et de la masse de ses créanciers qu'a été édictée la disposition de l'art. 444? Ne serait-il pas dès lors singulier qu'une conséquence attachée à la déclaration de faillite, vint, en autorisant des poursuites individuelles, compromettre l'intérêt collectif des autres créanciers. Pourquoi traiter le bailleur plus favorablement que la masse? Est-ce qu'il court plus de risques ? Non, tout au contraire : tandis que les autres créanciers sont exposés à perdre intérêts et capital, lui n'a à craindre que la perte d'un revenu.

C'est sans plus de raison qu'on a prétendu trouver dans la discussion de l'art. 1188 Code Napoléon, la preuve que la faillite entraîne d'une manière absolue, la déchéance du terme. Si en effet M. Régnaud de St-Jean-d'Angely soutint que la faillite du débiteur ne rend exigibles les obligations à terme que lorsqu'elles sont chirographaires, M. Bigot-Préameneu, Treilhard et Réal défendirent la rédaction générale de l'article, en disant que : « toutes les obligations, de quelque nature » qu'elles soient, deviennent nécessairement exigibles, » parce qu'on ne peut se dispenser de procéder à la » liquidation générale des dettes du failli (Fenet, » tome. 13, pag. 68 et 69; Locré, tome 12, pag. 161). » Or n'est-ce pas là précisément la conclusion à laquelle nous sommes arrivés: au moment de la distribution de l'actif du failli, l'exigibilité anticipée s'applique à toutes les créances.

Ainsi le bailleur ne peut se prévaloir du jugement

qui a déclaré son locataire en faillite, et invoquer contre lui la déchéance du terme, pour se faire payer, *hic et nunc*, le montant des loyers non encore échus. Mais son droit ne changera-t-il pas suivant les diverses éventualités que peut amener la faillite ?

Lorsque le locataire failli se trouve, par suite d'un concordat, remis à la tête de ses affaires, il est évident que, si les lieux restent garnis de meubles suffisants, et si les loyers lui sont exactement payés, le bailleur n'a pas à se plaindre et ne peut rien réclamer. Sa position, en effet, s'améliore sans cesse, puisque sa créance diminue de jour en jour, et son gage reste le même. Vainement dirait-il que le concordat ne lui est pas opposable, puisqu'il n'avait pas le droit d'y figurer (art. 508 C. c.). En tant que créancier pur et simple, il est compris dans la faillite, et soumis au concordat comme tous les autres créanciers. En qualité de privilégié, il est en dehors de la faillite, et il n'est pas tenu, par conséquent, de respecter le concordat; mais alors qu'il n'invoque pas l'exigibilité anticipée résultant de la faillite pour réclamer le payement de dettes non échues.

Lorsqu'il n'intervient point de concordat, les créanciers sont de plein droit en état d'union (art. 529. C. c.), et l'on procède à la liquidation de l'actif du débiteur. Si les meubles, qui garnissaient les lieux loués au failli, sont vendus en détail à la requête des syndics, le bailleur a le droit incontestable de se faire colloquer, sur le prix de la vente, pour la totalité des loyers à échoir, sauf, bien entendu pour les autres créanciers le droit de relocation (art. 2102 1°; Cas., 21 déc. 1858; 4 janvier 1860; Rennes, 3 déc. 1858.)

Mais que décider lorsque le locataire n'ayant pas obtenu de concordat, ou n'en ayant obtenu que moyennant l'abandon de tout son actif (loi du 17 juillet 1856), les syndics, au nom de la masse, vendent à une même personne le fonds de commerce, le droit au bail, les meubles, outils et marchandises qui garnissaient les lieux? Le bailleur peut-il, sur la portion du prix qui représente la valeur de son gage, se faire colloquer pour l'intégralité des loyers à échoir? La raison de douter, c'est que la situation n'est pas changée; les choses sont matériellement restées dans le même état, la garantie réelle du propriétaire n'a pas diminué. Pourquoi, dès lors, le bail ne continuerait-il pas à s'exécuter comme par le passé? Pourquoi décider dans ce cas autrement que dans l'hypothèse où le failli reprend, à la suite d'un concordat, la direction de ses affaires et de son commerce? M. Alauzet se prononce cette fois encore contre le propriétaire. Il insiste sur cette considération que le bailleur ne saurait toucher le prix, puisqu'il conserve son gage. M. Labbé propose, au contraire, la distinction suivante : si le bail, par une clause ou par son silence, permet la cession, le bailleur ne peut empêcher les créanciers du locataire d'exercer le droit de leur débiteur (art. 1166); la cession, dit-il n'opère d'autre changement qu'une substitution de personnes; cette substitution est régulière et prévue (Caen, 25 août 1846 ; Paris, 13 février 1858 ; *Droit* des 15, 16 juillet 1861; Paris, 26 juin 1863). Si le bail, contient une interdiction expresse de céder ou de sous-louer, alors les créanciers ne peuvent puiser le droit de relouer que dans la disposition de l'art. 2102 1°, C. Nap.; ils doivent subir le prélèvement, sur le prix des meubles vendus, de la totalité des loyers à échoir; le bailleur ayant traité en considération de la personne, le changement qui s'opère contre sa volonté doit avoir pour lui une compensation complète (*Contra*, Cas. 7 déc. 1858; Paris, 2 mai 1857). Cette décision nous paraît aussi équitable que logique, et nous n'hésitons pas à l'adopter.

Si, au lieu d'être en faillite, le locataire se trouve en déconfiture, quel sera le droit du bailleur? Il faut, je crois, décider qu'il peut dès à présent saisir et faire vendre les meubles garnissant les lieux loués, pour se faire payer de ses loyers à échoir. Il n'y a point, en effet, dans ce cas, comme dans la faillite, des administrateurs chargés de réaliser l'actif du débiteur. Chaque créancier doit veiller à ses droits et peut à son gré exercer des poursuites en payement, sans attendre que l'échéance de la dette soit arrivée.

5° *Droit de relocation*. — Permettre au bailleur de toucher par anticipation les loyers ou fermages non encore échus, et le laisser en même temps reprendre possession des lieux pour en jouir lui-même, ou pour en tirer un nouvel avantage en les relouant à un second preneur, c'était une décision trop contraire à la justice et à l'équité pour que le législateur pût l'admettre. Aussi, pour atténuer le préjudice que leur cause le privilége du propriétaire, accorde-t-il aux autres créanciers, par une sorte de compensation, le droit de relouer à leur profit la maison ou la ferme pour le restant du bail. Bien que ce droit ne leur soit expressément réservé que dans l'hypothèse où, le bail ayant date certaine, le privilége s'exerce pour toutes les années à échoir, il faut l'étendre, par analogie de situation et par identité de motifs, au cas de bail sans date certaine, où le privilége ne comprend dans l'avenir, que les termes non échus de l'année courante et l'année qui suit. S'il en était autrement, le bailleur aurait à la fois la jouissance de l'immeuble et les loyers, ou fermages, ce que la loi a justement voulu empêcher.

Par la même raison, le droit de relocation appartient aux créanciers du preneur, lors même qu'une clause expresse du contrat contient le défense de sous-louer ou de céder le bail (art. 1747). Le bailleur ne saurait, en effet, sans injustice, se prévaloir de cette clause prohibitive pour se faire attribuer à lui seul et la chose et le prix. Ajoutons que prêter un autre sens à la disposition de l'art. 2102 1°, c'est lui enlever toute son utilité, puisque la faculté de sous-louer, quand le bail ne l'interdit pas, appartient déjà, d'après le droit commun, aux créanciers du preneur, en vertu de la règle générale de l'art. 1166.

Ce n'est pas à dire toutefois que la clause prohibitive de la sous-location soit sans aucune influence sur le droit des créanciers. Le bail contient-il défense de sous-louer ? le bailleur peut à son choix ou reprendre son immeuble et s'en tenir au payement des loyers échus, et des dommages-intérêts qui lui sont dus à raison de l'inexécution du contrat : ou se faire payer les loyers à échoir et laisser aux autres créanciers le profit du bail nouveau qu'il leur permet de consentir. Le bail ne contient-il aucune défense de sous-louer? il n'en est plus ainsi. Le propriétaire a beau offrir de renoncer aux loyers à échoir, les créanciers, invoquant l'art. 1166, peuvent le désintéresser et relouer l'immeuble pour le restant du bail, si la modicité du prix de la location primitive leur donne l'espoir de trouver de meilleures conditions.

Lorsque le prix de vente des meubles garnissant les lieux loués ne suffit pas à l'acquittement intégral de la créance privilégiée, les créanciers, qui veulent relouer la maison ou la ferme pour le restant du bail, ne peuvent le faire qu'à la charge de payer au propriétaire tout ce qui lui est encore dû, c'est-à-dire, tous les loyers échus et à échoir pour lesquels il n'a point été colloqué, par privilége.

Mais ici se présente une question. Ce payement doit-il être immédiat, ou bien au contraire peut il s'effectuer au fur et à mesure des échéances? C'est à ce dernier avis qu'il faut s'arrêter. La loi n'a pas dû et n'a pas pu vouloir imposer aux créanciers, en faveur desquels est introduit le droit de relocation, la charge exorbitante d'un payement immédiat et fait par anticipation. Les droits du bailleur ne seront-ils pas, en effet, suffisamment sauvegardés, lorsque d'une part les créanciers du preneur payeront à mesure que les loyers seront échus, et que d'autre part, ils lui auront procuré un nouveau locataire dont le mobilier répondra désormais de ces mêmes loyers. Cette opinion si raisonnable, que tous les auteurs sont unanimes pour l'admettre, est repoussée par la jurisprudence (Cass.. req., arrêt, 28 déc. 1858).

Une seconde question est celle de savoir si la faculté de relouer la maison ou la ferme n'est accordée aux créanciers qu'autant qu'ils veulent en user pour toute la durée du bail; et s'il ne leur serait pas permis de n'user du droit de relocation que pour une période correspondant à celle dont le bailleur a touché par anticipation les loyers ou fermages? M. Valette, n° 64, et Duranton, tome 19, n° 91, tiennent pour le premier parti. La loi, disent-ils, est formelle; ce n'est que pour le restant du bail, et à la charge de payer au propriétaire tout ce qui lui serait encore dû, qu'elle accorde aux créanciers le droit de relocation. Pas plus que leur débiteur, les créanciers ne peuvent scinder les clauses du bail et nuire aux intérêts du bailleur, qui a dû compter sur la durée stipulée dans le contrat.

Ce système, malgré la gravité des considérations qu'il invoque, nous semble trop rigoureux pour pouvoir être admis. Nous croyons donc, avec la majorité des auteurs, que les créanciers ont le droit de relouer les lieux à leur profit, pour le temps correspondant aux termes de loyer dont le propriétaire est payé par avance. L'art. 2102 1° ne dit pas, en effet, que les créanciers ne pourront relouer que pour le restant du bail; sa disposition n'est point exclusive; elle énonce une simple faculté; ils ont le droit de relouer pour le restant du bail. Il s'agit du reste d'un droit introduit en faveur des créanciers comme compensation du préjudice que leur cause l'exercice du privilége exorbitant du bailleur. Il est dès lors raisonnable de leur laisser une entière latitude pour l'usage de ce droit, et de leur permettre de s'en prévaloir dans là mesure de leur intérêt, dont ils sont les seuls juges. Mais, dit-on, les créanciers ne peuvent, en scindant les clauses du bail, nuire aux intérêts du propriétaire, qui a dû compter sur la durée stipulée dans le contrat. A cela on peut répondre que le bailleur, en se faisant payer par privilége les loyers ou fermages non encore échus, a virtuellement renoncé à jouir de l'immeuble pendant tout le temps auquel correspond le montant de ces loyers ou fermages, et qu'il a, par conséquent, consenti à ce que les clauses du bail fussent scindées. Ajoutons enfin, que si l'on s'oppose à ce que, dans le cas où la charge entière du bail serait trop onéreuse, les créanciers relouent pour un temps correspondant aux loyers payés à l'avance, on est réduit à cette alternative, ou de laisser au propriétaire, pendant ce nombre d'années, la chose et le prix, ce qui est l'iniquité contre laquelle a été imaginé le droit de relocation, ou de dire que pendant ce même temps les lieux seront inoccupés, la maison sans habitants, ou la ferme sans exploitation, ce qui serait le comble de la déraison (Persil, 2102, § 1, n° 18; Dalloz; Mourlon, n° 96; *Revue critique*, tome 18, p. 212; Cassat., 4 janvier 1860).

Nous avons toujours supposé jusqu'ici que le bail d'où résultait le privilége, qu'il eût ou non date certaine, avait une durée fixe, déterminée dans le contrat. Mais il peut arriver que les parties n'aient point indiqué le terme à l'arrivée duquel le bail prendra fin (art. 1736 et 1774, 1738, 1776). Quels seront dans cette hypothèse les droits du bailleur et ceux des autres créanciers? Si ce bail illimité est authentique, ou si, étant sous signature privée, il a acquis date certaine, le privilége du bailleur s'étendra sans aucune restriction dans l'avenir. Si le bail est sous signature privée et sans date certaine, le privilége ne comprendra, dans l'avenir, que les termes non encore échus de l'année courante, et l'année qui la suit. Mais, dans l'un et l'autre cas, les autres créanciers du preneur pourront, en donnant congé au preneur, restreindre, quant à l'avenir, le privilége du propriétaire au temps accordé par l'usage entre le congé et la sortie.

Remarquons, en terminant, qu'aux termes de l'art. 2102 1°, le privilége du bailleur, dont le titre n'a pas date certaine, ne s'appliquera qu'à l'année courante et à l'année qui la suit, dans l'hypothèse même où ce sont des biens ruraux qui ont été affermés verbalement, bien qu'il puisse se faire, d'après l'aménagement des soles, que le bail se prolonge plus longtemps (art. 1774).

CHAPITRE IV.

Du droit de suite accordé au privilége du bailleur.

Il ne suffisait pas d'accorder au bailleur, pour la sûreté de sa créance, un privilége sur certains meubles déterminés ; il fallait encore, pour que cette garantie fût pleinement efficace, lui donner le moyen d'empêcher le locataire ou le fermier de soustraire à son gage, par un déplacement frauduleux, les objets mobiliers qui lui répondent de l'exacte et complète exécution du contrat. Cette nécessité de créer à côté du privilége un autre droit, qui en fût pour ainsi dire le complément et la sanction, n'a point échappé au législateur. Aussi a-t-il établi, au profit du bailleur, un droit de suite qui lui permet de revendiquer contre tout détenteur les meubles déplacés à son insu de sa maison ou de sa ferme, et d'en obtenir la réintégration dans les lieux, afin de les conserver dans son gage. L'art. 2102 1° dit en effet : « Le propriétaire peut

» saisir les meubles qui garnissent sa maison ou ferme,
» lorsqu'ils ont été déplacés sans son consentement, et
» il conserve sur eux son privilége, pourvu qu'il ait fait
» la revendication : savoir lorsqu'il s'agit du mobilier
» qui garnissait une ferme, dans le délai de quarante
» jours; et dans celui de quinzaine, s'il s'agit des
» meubles garnissant une maison. »

Sur ce droit de suite nous allons successivement étudier les trois points suivants : d'abord les conditions auxquelles il est soumis, ensuite l'étendue qu'il comporte, et enfin le principe qui l'a fait établir, et la nature qu'il faut lui attribuer.

1° *Conditions du droit de suite*. — Pour que le bailleur ait la revendication, il faut d'abord qu'il n'ait pas consenti au déplacement des meubles qui garnissaient sa maison ou sa ferme. Son consentement à cet égard n'a pas besoin d'être exprès, il peut être tacite; il résulte de toute circonstance dénotant chez lui la pensée de renoncer sur les objets déplacés à son droit de préférence. Si, par exemple, le bailleur assiste à l'enlèvement des meubles, sans s'y opposer; s'il a consenti le bail à une personne dont l'industrie ou la profession rendait nécessaire et inévitable l'aliénation de certains objets mobiliers. Dans tous ces cas, il n'a pas le droit de se plaindre. Cela est évident, car si son gage diminue, c'est par suite de faits aux conséquences desquels il s'est volontairement soumis.

Il faut, en second lieu, pour que la revendication soit admissible, qu'elle soit exercée dans les délais déterminés par la loi : quinze jours pour les meubles garnissant une maison, quarante jours pour ceux qui se trouvaient dans une ferme. La raison de cette différence de délais, c'est que le propriétaire des biens ruraux peut moins facilement exercer sur eux sa surveillance que sur les biens situés à la ville, et que le fermier peut lui dissimuler plus longtemps que le locataire l'enlèvement clandestin du mobilier garnissant les lieux. Quant au point de départ de ces quinze ou quarante jours, il est déterminé par la date de l'enlèvement des meubles. Quelques auteurs, il est vrai, proposent, dans le cas où le déplacement se serait effectué par suite d'un concert frauduleux entre le preneur et les tiers, de faire courir le délai du jour où le propriétaire en aurait eu connaissance Mais en présence des termes si généraux de l'art. 2102, il nous paraît difficile d'admettre ce tempérament d'équité que l'on propose. On peut dire, en effet, que la possibilité de ce concert frauduleux, dont on nous parle ici, n'a point dû échapper au législateur, et que s'il n'a point, pour ce cas, changé le point de départ du délai, ce n'est point un oubli de sa part, mais la preuve qu'il n'a voulu faire aucune distinction.

On reconnaît en général que le créancier gagiste, dessaisi du gage par suite d'une perte ou d'un vol, à, comme le propriétaire d'un meuble perdu ou volé, trois ans pour exercer sa revendication. On peut s'étonner dès lors qu'il n'en soit point ainsi du bailleur. Mais en examinant les choses de plus près, on voit que cette différence a plusieurs raisons d'être. Le bailleur d'abord ne possède pas les meubles qui garnissent la maison ou la ferme; en outre, comme son gage n'est pas limité à tel ou tel objet, mais qu'il s'étend sur la généralité des meubles garnissant les lieux, on doit naturellement supposer, s'il ne revendique pas dans un bref délai, qu'il trouve dans ceux qui restent une garantie suffisante. Enfin l'identité des objets détournés de la masse est d'une constation beaucoup plus difficile que celle d'un ou plusieurs corps certains, dont la nature et l'espèce ont été désignées dans un acte régulier (art. 2073).

2° *Etendue du droit de suite.* — L'étendue du droit de suite est déterminée par celle du privilége lui-même dont il est, comme nous l'avons dit, le complément et la sanction. Il pourra donc être exercé à l'occasion de tout ce qui est grevé du privilége.

Mais ici se présente une question. Le bailleur peut-il, alors que les objets mobiliers laissés dans la maison ou la ferme sont suffisants pour sa garantie, revendiquer ceux qui ont été enlevés sans son consentement exprès ou tacite? La plupart des auteurs adoptent la négative. (Trop. *Hyp.*, n° 164; *Louage*, n° 932; Persil, art. 2102; 4° Favard, *Saisie-gagerie*; Duranton, tom. 19, n° 103; Duvergier, *Louage*, tom. 2, n° 17; Bordeaux, 11 janv. 1826). Il ne faut pas, disent-il, exagérer le droit du bailleur; tout ce qu'il peut raisonnablement exiger c'est qu'il y ait toujours dans les lieux de quoi lui assurer le payement de ses loyers ou fermages. Le but et l'intention du législateur a été non pas de paralyser, d'une manière absolue, le droit de disposition du preneur relativement à ses meubles, mais de l'empêcher de porter atteinte à la garantie du propriétaire, en dégarnissant les lieux de tout ce qui s'y trouve. Aux termes de l'art. 1752, le preneur n'est tenu que de garnir la maison ou la ferme de meubles suffisants. Pourquoi ne pas lui permettre d'enlever certains objets mobiliers, lorsqu'il en laisse qui, par leur valeur et leur nombre, suffisent pour garantir au bailleur le payement de sa créance? Le propriétaire, qui conserve ainsi une sûreté convenable, ne doit pas être recevable dans sa demande : car l'intérêt est la mesure des actions, et il n'a aucune raison sérieuse et légitime de se plaindre. Il est vrai que, d'après l'art. 2102, le propriétaire a un privilége sur tout ce qui garnit les lieux loués; mais cette disposition ne veut dire qu'une chose, c'est qu'il aura un droit de préférence sur tous les meubles garnissants qu'il saisira dans la maison ou la ferme.

Nous croyons, quant à nous, que l'affirmative, malgré ce qu'elle paraît avoir, au premier abord, de dur et de rigoureux, est l'opinion qu'il faut adopter. Entre l'obligation dont est tenu le preneur de garnir les lieux loués de meubles suffisants, et le droit qui résulte au profit du bailleur du privilége que la loi lui accorde, il n'y a point cette corrélation intime et nécessaire qu'on prétend exister. Quelle quotité de meubles le locataire ou le fermier doit il apporter pour

la sûreté du bailleur ; quel gage doit-il lui procurer ?
Un gage suffisant, répond l'art. 1752. Ainsi le propriétaire ne peut exiger que le preneur garnisse les lieux
de plus de meubles qu'il n'en faut pour assurer le payement de ses loyers ou fermages.

Si le preneur a mis volontairement dans la maison
ou la ferme plus de meubles que n'en exige la sûreté
du bailleur, le privilége de celui-ci portera-t-il sans distinction sur tous les objets apportés, ou seulement sur
une quotité suffisante pour la garantie de ses droits?
Sur tous les meubles sans distinction, répond l'art.
2102. Ainsi le bailleur acquiert un droit de gage sur
chacun des objets garnissant les lieux, quel que soit
leur nombre et leur valeur.

Entre les deux questions que prévoient et décident
les art 1752 et 2102, il n'y a évidemment aucune analogie. Quant à la revendication elle n'a d'autre but
que d'assurer la conservation du privilége acquis au
bailleur contre les actes par lesquels le locataire ou le
fermier tenterait de l'amoindrir. Que le preneur ait
constitué un gage dans la stricte mesure de l'art. 1752,
ou bien que, dépassant cette limite, en plus. ou en
moins, il ait donné un gage plus étendu, ou suppléé
à son insuffisance par d'autres sûretés convenables,
dans toutes ces hypothèses, la revendication est là
pour maintenir au privilége l'étendue que les parties
ont voulu lui donner. Peu importe cette étendue, le
droit de gage se mesure et se détermine sur elle, et
sous aucun prétexte on ne peut l'en faire varier. Une
fois que le privilége a frappé certains objets, il y a sur
eux, au profit du bailleur, un droit acquis, auquel per -
sonne ne peut porter atteinte sans son consentement.

Si le propriétaire n'était pas armé du droit absolu de s'opposer à l'enlèvement des meubles garnissant les lieux, le preneur se croirait toujours autorisé à des déplacements; de là des altercations incessantes qu'il faudrait à chaque instant vider en justice, au moyen d'expertises et d'estimations coûteuses. Ne peut-il pas d'ailleurs arriver que, ce qui suffit aujourd'hui pour la garantie du bailleur, soit demain insuffisant? Le plus sûr et le plus raisonnable est donc de laisser, comme nous le proposons et comme l'admet la jurisprudence, le propriétaire seul juge de l'opportunité de la revendication que la loi lui permet d'intenter (Grenier, *Priv.*, tome 2, n° 311; Mourlon, *Exam. crit.*, n° 164; Pont, n° 132, tome 1; Paris, 20 oct. 1806; Poitiers, 28 janv. 1859).

Si les parties étaient convenues de ne faire commencer le payement des fermages qu'à l'expiration de la deuxième année de jouissance, il arriverait qu'à la fin du bail, il serait dû encore une année entière de loyer, payable et exigible alors seulement que le contrat a depuis un an cessé d'exister.

En présence de cette hypothèse, qui peut se présenter quelquefois, il faut se demander si le bailleur a le droit de s'opposer à l'enlèvement des meubles de son locataire ou fermier, et de les revendiquer lorsqu'ils ont été déplacés sans son consentement? M. Merville, premier avocat général à la Cour d'Orléans, dans un article de la *Revue pratique* (tome 5, p. 401), a soutenu que le propriétaire ne peut empêcher le preneur de déménager, et que toute revendication lui est interdite. En effet, selon lui, si le propriétaire a le droit de revendiquer les meubles du preneur, en quelques mains qu'ils se trouvent, c'est que celui-ci est obligé de tenir la chose louée garnie d'un mobilier suffisant. Or, l'obligation du preneur de garnir la chose louée expire avec le bail. Il faut donc reconnaître que, le bail une fois fini, le bailleur cesse d'avoir le droit d'empêcher l'enlèvement des meubles garnissant les lieux, et de les revendiquer s'ils ont été déplacés. L'art. 2102 lui-même vient fournir un argument à l'appui de ce système. Par l'autorisation qu'il donne aux autres créanciers de relouer la maison ou la ferme pour le restant du bail, il montre clairement que, dans la pensée du législateur, le privilége du propriétaire doit s'exercer au cours même du bail, et non après qu'il a pris fin. On comprend d'ailleurs combien cette décision se trouve d'accord avec les moins contestables exigences de la pratique : quand je quitte une ferme, c'est généralement pour en prendre une autre. Comment veut-on que je l'exploite, que je remplisse mes obligations nouvelles (art. 1766), si tous mes meubles, tous mes instruments de travail sont retenus ailleurs, et si je suis privé de leur usage?

Ces arguments et ces considérations ne manquent certainement pas de gravité, je ne les crois pas néanmoins suffisants pour faire admettre la décision qu'on propose. Il n'est pas exact de dire, nous l'avons démontré, que le droit de revendication du bailleur est la sanction de l'obligation du preneur de garnir les lieux de meubles suffisants. De ce que l'obligation du locataire ou fermier se trouve éteinte, il n'est donc pas permis d'en conclure que le droit du propriétaire a aussi cessé d'exister. Le but de la revendication, c'est la conservation du privilége du bailleur sur les objets affectés à son gage. Ce privilége est destiné à garantir le payement des loyers ou fermages; dans notre espèce, il y a des loyers ou fermages encore dus; certains objets ont été donnés en gage au bailleur; tant qu'il n'est pas payé, il conserve sur eux son privilége et son droit de revendication. Si l'art. 2102 suppose que le privilége du propriétaire s'exerce au cours même du bail, c'est que cette hypothèse se présentera le plus souvent, et qu'il fallait nécessairement s'y placer pour régler le droit de relocation des autres créanciers. Mais il ne dit pas que le privilége ne peut s'exercer que si le bail dure encore; et cela, il ne pouvait pas le dire, car relativement aux loyers ou fermages de la dernière année, il est bien évident que le privilége devra la plupart du temps s'exercer à une époque où le bail n'existe plus.

Reste maintenant cette considération qu'en empêchant le preneur d'emporter ses meubles, on lui rend un nouveau bail impossible. A cela on peut répondre que si le locataire ou le fermier se trouve dans une situation fàcheuse, ce n'est pas une raison suffisante pour sacrifier à son intérêt, l'intérêt non moins légitime et non moins respectable du propriétaire. Si ce dernier a accepté cette clause, qui reportait à la deuxième année de jouissance le payement de la première annuité de loyers ou de fermages, c'est qu'il a cru que, même après la fin du bail, les meubles affectés à la garantie de sa créance continueraient à demeurer son gage et que personne ne pourrait les y soustraire. Ce serait donc le tromper dans son attente, que de ne pas lui permettre de s'opposer au déplacement des meubles garnissant les lieux, et de les revendiquer après leur enlèvement. Est-il bien vrai, du reste, que le preneur se trouve ainsi dans l'impossibilité de contracter un bail nouveau ? Il peut renoncer au bénéfice du terme, car c'est, en général, à son profit qu'il a été stipulé. Il peut encore, en offrant au bailleur d'autres sûretés convenables, obtenir le droit de déménager. Il lui sera permis, en tous cas, d'enlever le surplus des meubles suffisants pour garantir le payement des loyers ou fermages ; puisqu'il s'agit ici d'une créance certaine et dès à présent déterminée. Ne pourra-t-il pas alors trouver à louer une nouvelle ferme ou une nouvelle maison? Faisons, d'ailleurs, observer qu'en permettant l'enlèvement des meubles, et en excluant la revendication, on ne place pas le preneur dans une situation plus avantageuse. Le propriétaire de la maison ou de la ferme pourra toujours faire connaître, par une notification, au nouveau bailleur, le droit qu'il a sur les meubles apportés dans les lieux nouvellement affermés, et conserver ainsi, à son égard, l'antériorité de son privilége. Le nouveau bailleur exigera alors du locataire ou fermier, ou un apport plus considérable de meubles, ou la constitution de sûretés capables de lui répondre du payement (art. 1752).

L'art. 2102, en parlant du droit de revendication, suppose toujours que le bailleur l'exerce pour faire réintégrer dans les lieux les meubles qui garnissaient la maison ou la ferme, et qui en ont été déplacés sans son consentement. En présence de cette disposition, on peut se demander si le propriétaire d'un fonds rural peut également revendiquer les fruits de la récolte de l'année ou d'années antérieures. Cette question ne comporte pas de réponse absolue. Il faut distinguer : si les fruits, qui garnissaient la ferme, en ont été déplacés par suite d'une vente, il n'y a pas lieu à la revendication; car les récoltes étant destinées à être vendues au fur et à mesure que l'occasion s'en présente, le bailleur est censé avoir consenti d'avance à leur déplacement. Mais il n'en serait plus ainsi dans le cas où le fermier, sans motif légitime, et sans l'approbation expresse ou présumée du propriétaire, enlèverait des lieux loués les fruits qui les garnissent. Le bailleur aurait alors le droit incontestable d'intenter une revendication.

Lorsque les fruits de la récolte de l'année ont été placés dans les bâtiments de la ferme, et qu'ils viennent ensuite à en être enlevés, ils sont soumis à la revendication, comme tous les autres objets mobiliers servant à garnir les lieux. Il ne faut pas, en effet, refuser au bailleur le droit de revendiquer les fruits de la récolte de l'année, sous prétexte qu'il a sur eux un privilége tout particulier, analogue à celui du vendeur, et indépendant du lieu où ils ont été engrangés. Mais que décider, quant à l'exercice de la revendication, dans le cas où la récolte de l'année n'a pas été rentrée dans les lieux loués? La difficulté vient de ce que, aux termes de l'art. 2102 1°, on ne peut revendiquer que les meubles garnissant la maison où la ferme. Malgré l'argument qu'on peut tirer de ce texte, nous croyons devoir accorder au bailleur la revendication des fruits de la récolte de l'année, pourvu toutefois qu'il y ait, dans la ferme, des bâtiments dans lesquels le preneur était tenu d'engranger (art. 1767). Il y a, en effet, ainsi que le fait remarquer M. Valette, une parfaite analogie entre le cas où les fruits ont été détournés au moment même de leur perception, et avant d'être engrangés, et le cas où, après avoir été placés dans les granges, ils en ont été ensuite détournés. Le bailleur en avait la quasi-possession, tout aussi bien quand ils étaient sur ses terres qu'après leur introduction dans la ferme. Ainsi le bailleur, qui aura le soin d'agir dans les quarante jours, s'assurera la conservation de son gage; car en le faisant placer dans les bâtiments de la ferme, il l'aura en quelque sorte sous la main, pour le cas où, n'étant pas payé, il serait obligé d'en venir à une saisie-gagerie (art. 819).

Si les quarante jours sont expirés, ou si les fruits de la récolte de l'année ont été engrangés en dehors de la ferme, avec le consentement du bailleur, celui-ci n'a plus de revendication, mais un simple privilége indépendant de toute quasi-possession, à peu près comme l'aurait un vendeur.

Il est toujours bien entendu, du reste, que le bailleur ne peut critiquer les ventes de fruits faites de bonne foi par le fermier, quand même la tradition n'en aurait pas encore eu lieu; car évidemment le fermier a le droit de vendre les récoltes, soit de l'année, soit des années antérieures, lorsqu'il se présente des acheteurs.

3° Principe et nature du droit de revendication. — Il ne nous reste plus qu'à rechercher, maintenant, le principe et la nature de ce droit de revendication. Quant à son principe, nous le trouvons dans l'art. 2279,

C. N. Après avoir posé la règle générale : *En fait de meubles la possession vaut titre*, la loi y déroge aussitôt pour permettre à celui qui a perdu ou auquel il a été volé une chose, de la revendiquer contre celui dans les mains duquel il la trouve. La revendication accordée au bailleur n'a pas d'autre fondement. C'est parce que la loi voit, dans le détournement des meubles du locataire ou fermier, une sorte de vol de la possession, qui lui appartient sur eux à titre de gage, qu'elle autorise le propriétaire des lieux loués à revendiquer contre les tiers détenteurs. Il n'y a, entre la revendication exercée par le propriétaire d'un meuble, et celle qui appartient au bailleur sur les meubles déplacés de sa maison ou de sa ferme, qu'une seule différence, relative à la durée de l'action. Le délai pour l'intenter est de trois ans dans le premier cas, de quinze ou de quarante jours seulement dans le second.

Il faut donc décider que le bailleur, comme le propriétaire d'une chose perdue ou volée, peut opposer son droit de suite même à des possesseurs de bonne foi. Les interprètes les plus accrédités le décidaient ainsi autrefois, et le Code a évidemment voulu confirmer cette doctrine, car il accorde la revendication en termes généraux, et sans aucune espèce de distinction. Ce résultat est, d'ailleurs, parfaitement conforme à la raison. En effet, il n'y a pas plus d'imprudence à reprocher au bailleur dont le gage a été enlevé, qu'au propriétaire victime d'un vol proprement dit, puisqu'il ne pouvait empêcher le preneur d'avoir à sa disposition les meubles de la maison ou de la ferme. Bien

mieux, les tiers seront ici presque toujours moins
favorables que ne l'est un acheteur de bonne foi d'un
meuble volé à son propriétaire; car ils ont pu s'infor-
mer si la personne qui dispose de ses meubles est ou
n'est pas un locataire ou fermier. Remarquons, en terminant, que si les meubles déplacés avaient été vendus
en foire ou dans un marché, à un acheteur de bonne
foi, la revendication ne devrait être admise que
moyennant le remboursement du prix d'acquisition
(art. 2280).

En ce qui concerne la nature du droit de revendication que l'art. 2102 1° accorde au bailleur, il semble
difficile, au premier abord, de la bien préciser. Si l'on
considère, en effet, l'expression *saisir* dont se sert le
Code Napoléon, on peut croire qu'il ne s'agit ici que
d'un de ces moyens conservatoires, que le Code de procédure civile, sous le nom de saisie-gagerie et de saisie-revendication, offre au propriétaire pour assurer
la pleine efficacité de son privilége. Cette supposition
paraît d'autant plus admissible qu'elle se trouve souvent confirmée par la réalité même des faits. Ainsi,
lorsque les objets mobiliers qui garnissaient la maison
ou la ferme ont été déplacés, il est certain que le bailleur, actuellement créancier de loyers ou de fermages
échus, procédera par la voie de la saisie-gagerie si les
meubles, bien que ne garnissant plus les lieux loués,
sont encore en la possession du preneur; de la saisie-
revendication s'ils sont entre les mains des tiers. En
agissant ainsi, il prend le temps de se mettre en mesure de pratiquer une saisie-exécution, qui lui était à
l'origine impossible, sans qu'il ait à craindre aucun

préjudice de son retard. Mais en supposant que l'enlèvement des meubles, qui garnissaient la maison ou la ferme, ait lieu à une époque où il n'est dû au propriétaire aucuns loyers ou fermages, sera-ce encore par la saisie-gagerie ou la saisie-revendication que le bailleur fera respecter son droit de gage? Nous ne le croyons pas. Quant à la saisie-gagerie, il ne saurait y avoir aucun doute, l'art. 819 Proc. civ. déclare qu'elle ne peut être pratiquée que pour loyers ou fermages *échus*.

En ce qui concerne la saisie-revendication, nous ne trouvons rien de semblable; mais elle n'en est pas pour cela plus admissible : elle ne répond nullement, en effet, au but que le bailleur se propose. Ce but quel est-il? c'est d'obtenir la réintégration dans les lieux loués des meubles sur lesquels portait son privilége. La saisie-revendication est loin de produire ce résultat : elle n'amène qu'une chose, la nomination d'un gardien : or ce gardien peut être le saisi (art. 830 Proc. civ.), jamais le saisissant (art. 598), et le saisi est toujours un tiers et jamais le preneur. Il faut donc reconnaitre que la revendication établie et réglée par l'art. 2102 1° du Code Napoléon, si elle se confond quelquefois avec la saisie-gagerie et la saisie-revendication du Code de Procédure civile, est, en réalité, une chose différente. C'est l'organisation, relativement à certains meubles, d'un droit de suite ; c'est la revendication proprement dite transportée de la propriété au droit de gage. De même que la revendication, dans son sens strict et précis, est l'action par laquelle une personne se prétend propriétaire d'une chose possédée par un tiers, et demande

que la possession lui en soit restituée; de même, la revendication de l'art. 2102 est l'action par laquelle une
personne prétend avoir un droit de gage sur une chose
possédée par un tiers, et demande que la possession
lui en soit restituée.

CHAPITRE V.

Du rang qui appartient au privilége du bailleur.

En matière de privilége, le législateur a un double devoir à remplir : il doit d'abord énumérer limita-
tivement les diverses créances privilégiées; il doit ensuite les classer, c'est-à-dire, déterminer, d'après le
dégré de faveur qu'elles méritent, l'ordre et le rang
qu'elles doivent respectivement occuper, dans les dis-
tributions où elles viennent en concours. La première
partie de leur mission, les rédacteurs du Code Napoléon l'ont accomplie d'une manière complète, et qui
ne laisse rien à désirer. Mais il n'en est pas de même
de la seconde : le classement des priviléges n'a été
fait qu'en partie, et présente sur plusieurs points les
plus regrettables lacunes. Ainsi la loi a fixé le rang
des priviléges généraux et des priviléges spéciaux sur
les immeubles, au cas de concours, et donné la prééminence aux priviléges généraux (art. 2105). Elle a également déterminé le classement entre eux de tous les
priviléges généraux (art. 2101); mais elle s'est bornée
là : elle n'a donné que des indications partielles quant à

l'ordre respectif des priviléges spéciaux sur les meubles ; elle n'a rien dit du rang des priviléges spéciaux sur les immeubles ; et surtout elle n'a pas déterminé l'ordre de prééminence entre la classe des priviléges généraux et celle des priviléges spéciaux sur les meubles.

Nous n'avons point à nous occuper ici de toutes les questions que fait naître le silence de la loi sur le classement des différents priviléges. La seule chose qu'il nous faille rechercher, c'est le rang qui appartient au privilége du bailleur vis-à-vis des autres priviléges spéciaux mobiliers de l'art. 2102, et des priviléges généraux de l'art. 2101.

PREMIÈRE SECTION.

Rang du privilége du bailleur en concours avec les autres priviléges spéciaux mobiliers de l'art. 2102.

Le concours, qui peut se produire entre le privilége du bailleur et les autres priviléges spéciaux mobiliers de l'art. 2102, a été réglé par la loi, mais dans trois cas seulement.

1er *Cas.* — *Concours du bailleur avec le vendeur non payé.* Le bailleur, dans l'exercice de son privilége sur les objets mobiliers garnissant les lieux loués, se trouve en conflit avec le vendeur de ces mêmes objets qui, non payé du prix de vente, réclame sur eux son privilége. Auquel des deux donner la préférence ? Au bailleur, s'il ignorait que les meubles apportés dans sa maison ou sa ferme n'appartenaient pas au preneur ; au vendeur, si le bailleur savait que, le prix des meubles étant encore dû, son locataire ou fermier pouvait en être évincé par le privilége ou la revendication du propriétaire (art. 2102 4°).

Cette décision, suivant la remarque que nous en avons déjà faite, est une application des principes généraux de notre législation sur l'effet de la possession de bonne foi en matière de meubles. De même que l'acheteur, qui a reçu de bonne foi une chose mobilière appartenant à autrui, en acquiert irrévocablement la propriété ; de même, le bailleur obtient un droit incommutable de gage sur les objets mobiliers apportés dans les lieux, et dont il a cru le preneur propriétaire. Il y a, du reste, pour décider ainsi, une raison d'équité facile à comprendre : il est impossible au bailleur de vérifier si le prix des meubles a été payé; le vendeur, au contraire, peut exiger des garanties qui lui répondent du payement.

C'est, au moment de l'introduction des meubles dans la maison ou la ferme, qu'il faut rechercher si le propriétaire a eu ou n'a pas eu connaissance du droit du vendeur. Celui-ci, s'il veut conserver son privilége, agira donc prudemment en faisant une notification au bailleur, avant de livrer les meubles par lui vendus ; aucun doute ne pourra s'élever alors sur la bonne ou mauvaise foi du propriétaire des lieux loués. Faisons, enfin, observer que si le bailleur trouve dans les autres meubles de quoi se faire intégralement payer, il ne sera pas recevable à gêner l'exercice du droit du vendeur, en invoquant contre lui la préférence de son privilége.

L'art. 2102 4°, C. N., s'occupant du conflit entre le

bailleur de l'immeuble et le vendeur de meubles, ne prévoit que l'hypothèse où ce dernier invoque son privilége. Que faudrait-il décider si, au lieu de son privilége, le vendeur exerçait sur les meubles vendus le droit de revendication que la loi lui confère? La bonne foi du bailleur le fera-t-elle triompher de cette revendication, comme elle lui assure la prééminence dans le concours de son privilége avec celui du vendeur? Il y a, sur cette question, deux systèmes.

Quelques auteurs prétendent que la revendication du vendeur de meubles doit prévaloir sur le privilége du propriétaire de la maison ou de la ferme. Que l'on s'en tienne au texte de la loi, que l'on consulte l'autorité de l'histoire et des précédents, ou que l'on s'en rapporte aux simples lumières du bon sens et de l'équité : telle est, disent-ils, la doctrine qu'on est forcément conduit à adopter. Que trouve-t-on, en effet, dans l'article 2102 4°? Une première disposition, qui accorde au vendeur non payé un privilége sur les meubles par lui vendus ; une seconde disposition, qui lui confère sur ces mêmes objets un droit de revendication ; enfin, un dernier paragraphe qui règle le conflit entre le vendeur des meubles et le propriétaire de l'immeuble. Mais, qu'on le remarque bien, le législateur ne parle ici que du privilége ; il ne dit rien de la revendication. En présence de ce silence, n'est-on pas en droit de dire que le seul privilége du vendeur sera primé par le privilége du bailleur de bonne foi, mais qu'il n'en sera pas de même du droit de revendication, et que ce droit, exercé dans le délai voulu, assurera toujours au vendeur la priorité?

Cette décision, on peut d'autant plus certainement la donner qu'on la rencontre, dans notre ancienne jurisprudence, proposée et défendue par Pothier, par Pothier qui a été, comme personne ne l'ignore, le guide habituel des rédacteurs de nos lois. Il décide en termes généraux que le bailleur de l'immeuble ne peut mettre obstacle à la revendication du vendeur (Pothier, *Contrat de louage*, n° 244, et Procéd. civile, 4° part., chap. 2, section 2, art. 712).

Rien d'étonnant, du reste, que la loi ait fait une différence entre les deux droits du vendeur. S'agit-il de son privilége? comme il ne l'exerce en général, qu'après un assez long délai, il est en faute vis-à-vis du bailleur; il a laissé la possession de ce dernier, s'asseoir et se consolider, et l'a ainsi tacitement autorisé à considérer comme un gage sérieux le mobilier garnissant les lieux loués. Refuser au bailleur la priorité, ce serait donc le tromper dans son attente. S'agit-il de la revendication? le vendeur, qui doit l'intenter dans le plus bref délai, n'a pas donné le droit au propriétaire de compter sur les meubles pour sa garantie; il lui a fait suffisamment connaître son intention de ne s'en dessaisir qu'après avoir été payé. Il est donc raisonnable de donner ici la préférence au vendeur.

Quel préjudice d'ailleurs en résulte-t-il pour le propriétaire de la maison ou de la ferme? Si, déduction faite des meubles revendiqués, il n'en reste pas une quantité suffisante pour garnir les lieux, il peut, en menaçant d'expulser le preneur, se faire donner par lui d'autres sûretés convenables (art. 1752). Cette mesure ne produit-elle pas son effet? il expulse le preneur, et

le seul risque qu'il court, c'est de perdre une occasion
de bail et quelques jours de jouissance. Le vendeur, au
contraire, même dans l'hypothèse où ses meubles lui
seraient rendus, perd les intérêts de ses avances, le
prix de son travail, jusqu'à ce qu'il ait pu trouver un
nouveau placement : et encore, dans ce cas, doit-il toujours s'attendre à voir le mobilier, qu'il revend, frappé
d'une certaine dépréciation, à cause de la vente qui une
première fois déjà en a été faite. Rejeter au second
rang la revendication du vendeur, c'est provoquer sa
ruine, c'est le dépouiller de tout son bien, et ne lui laisser que l'éventualité de l'indemnité résultant d'une
location nouvelle, indemnité nulle peut-être, médio-
cre en tout cas, puisqu'il devra la partager avec les
autres créanciers. Se peut il. que le législateur ait voulu
une telle iniquité ? (Durant., tome 19, n° 121 ; Mourlon,
Exam. critiq. tome 1, n° 135, page 412; Ballot *Revue
de Fœlix,* tom. 14, page 430, et tome 15, page 128;
Paris 24 juillet 1847).

Dans un autre système que nous croyons, pour notre
part, beaucoup mieux fondé, on soutient qu'il en est du
droit de revendication comme du privilége accordé au
vendeur d'effets mobiliers non payés; que, même dans
le bref délai où elle est renfermée, cette revendication
ne peut pas plus que le privilége être exercée au préjudice du bailleur, qui a reçu ces objets de bonne foi et
dans l'ignorance des charges ou des affectations dont
ils étaient grevés. Le propriétaire de la maison ou de
la ferme trouve, en effet, dans la règle: *En fait de meubles la possession vaut titre,* une fin de non-recevoir
invincible à opposer à la revendication du vendeur de

meubles. Lorsque le preneur apporte dans les lieux qu'il occupe des meubles qui lui ont été remis à titre de prêt, de dépôt, ou de louage, la quasi-possession qu'acquiert sur eux le bailleur est, tout le monde en convient, suffisante pour le protéger contre la revendication du propriétaire. Pourquoi cette possession ne serait elle pas également efficace vis-à-vis du vendeur? N'y a-t-il pas ici les mêmes raisons que tout à l'heure? n'y en a-t-il pas même de plus puissantes, si l'on admet que, par la revendication, ce que réclame le vendeur, ce n'est pas la propriété par lui transmise au locataire ou fermier, mais sa remise en possession des meubles vendus et qu'il a imprudemment livrés?

Pour échapper à cette conséquence logique de l'art. 2279 C. N., nos adversaires cherchent à établir, entre le vendeur de meubles et celui qui en fait un dépôt ou un prêt, une différence radicale, à leurs yeux, et dont la loi a dû nécessairement tenir compte. Le prêteur et le déposant ont suivi la foi de la personne à laquelle ils ont remis leurs biens ; ils se sont exposés à tous les abus de confiance qu'elle pourrait commettre. Lors donc qu'on leur applique la maxime : *en fait de meubles la possession vaut titre*, on se borne à sanctionner la loi née de la situation dans laquelle ils se sont volontairement placés. Il n'en est pas de même du vendeur : quoiqu'il ait livré ses meubles, sans se faire payer, on ne peut pas dire, pour cela, qu'il a suivi la foi de son acheteur; car s'il l'a mis en possession, c'est qu'il espérait être immédiatement payé. Si donc les meubles par lui livrés se trouvent entre les mains de son débiteur, ils n'y sont pas pourtant par son consentement. La possession de l'acheteur ne repose que sur une erreur ou une surprise; il n'y a dans tout cela qu'un pur accident, dont la loi n'a pas voulu faire bénéficier le locataire, aux dépens du vendeur.

A cela il faut répondre que la règle, *en fait de meubles la possession vaut titre*, est une règle absolue, et qui ne comporte pas toutes les distinctions qu'on veut introduire dans son application.

Il n'y a rien non plus à conclure contre notre système de ce que l'art. 2102 4°, après avoir parlé du privilége du vendeur de meubles et de son droit de revendication, ne s'occupe plus que du privilége, lorsqu'il s'agit de donner la préférence au bailleur de bonne foi. En effet, la revendication du bailleur se trouve mentionnée parmi les priviléges, et comme s'y rattachant d'une manière intime. Il est alors naturel que le législateur ait été entraîné, *brevitatis causa*, à prendre le mot privilége dans un sens très-large et qui comprend à la fois les diverses garanties accordées au vendeur.

Quant à l'argument tiré de notre ancienne jurisprudence, et notamment d'un passage de Pothier, il n'est pas concluant. D'après les coutumes de Paris et d'Orléans, en effet, le vendeur, qui n'avait pas accordé de terme pour le payement pouvait revendiquer la chose en quelque lieu qu'elle fût transportée, c'est-à-dire même entre les mains d'un sous-acquéreur de bonne foi. Il était dès lors naturel que la revendication pût s'exercer même au préjudice du bailleur. Mais le Code a précisément innové sur ce point, puisqu'il refuse au vendeur la revendication, lorsque la chose vendue n'est plus en la possession de l'acheteur. Pour être conséquent dans ce nouveau système, comme on l'était dans l'ancien, il faut dire, aujourd'hui, que l'espèce de possession, qui appartient au locateur sur les meubles apportés dans les lieux, doit exclure la revendication du vendeur.

Mais ici nos adversaires nous arrêtent et nous font l'objection suivante. Le vendeur d'effets mobiliers non payés a une double garantie : un privilége et une action en revendication. Ces deux droits sont soumis dans leur exercice à cette condition commune, que les meubles vendus soient encore entre les mains de l'acheteur. S'il est vrai que la quasi-possession du bailleur suffise pour faire défaillir cette condition relativement à la revendication ; il doit en être de même quant au privilége ; dès lors n'est-il pas inutile de consacrer ce résultat par une disposition formelle ? La loi cependant, après avoir dit que le privilége n'a lieu qu'autant que les meubles vendus se trouvent encore en la possession de l'acheteur, ajoute dans le troisième alinéa de l'art. 2102 4º, qu'il ne peut être néanmoins exercé au préjudice du bailleur de bonne foi, dans la maison ou la ferme duquel les objets mobiliers ont été apportés. N'est-il pas évident que si la loi a senti le besoin de dire expressément que le privilége du vendeur n'a point d'effet contre le locateur, c'est qu'à ses yeux l'espèce de possession de ce dernier n'est point suffisante pour effacer la possession réelle du preneur ? L'action en revendication du vendeur subsiste donc en présence de la quasi-possession du bailleur, puisque la loi ne l'a point placée dans le même rang d'infériorité que le privilége.

Cette objection n'est pas embarrassante , car nous avons dit, tout à l'heure, qu'il fallait prendre le mot privilége de l'art. 2102 4°, troisième alinéa, non pas à la lettre, mais dans le sens le plus large, et comme s'appliquant même à la revendication. Nous pouvons ajouter que la partie du Code relative aux priviléges n'a pas été rédigée avec une telle perfection, qu'on ne puisse admettre, dans la disposition qui nous occupe, une certaine redondance de style et la répétition inutile et sans portée d'une décision précédente. Remarquons enfin que si le législateur, dans le troisième alinéa de l'art. 2102 4°, vient donner une solution, qui était déjà contenue dans le premier alinéa et ressortait de ces mots : *s'ils sont en la possession du débiteur*, on peut raisonnablement supposer que c'est dans le but unique de régler, d'une façon plus précise et plus claire, le conflit entre le bailleur de l'immeuble et le vendeur des meubles, en les mettant pour ainsi dire en présence.

Ainsi donc, en résumé, le vendeur de meubles ne saurait pas plus, par sa revendication que par son privilége, obtenir la préférence sur le bailleur de bonne foi (Valette, *Privil.,* tome 1, page 152; Pont, tom. 1, page 151 et 152). Il peut même se faire dans une hypothèse toute spéciale, il est vrai, qu'il soit primé par le bailleur de mauvaise foi. C'est ce qui arrive lorsque le locataire ou fermier ayant acheté des meubles dont la livraison lui a été faite et dont il n'a pas payé le prix, vient à tomber en faillite. Cet événement, en effet, a pour résultat d'enlever au vendeur l'exercice de son privilége et de son droit de revendication (art. 550 Code de commerce).

2ᵉ Cas. — *Concours entre le bailleur et un créancier pour ustensiles.* Le bailleur de l'immeuble se trouve en concours avec une personne à laquelle sont dues des sommes pour ustensiles. Sur le prix de ces ustensiles, il n'est colloqué qu'au second rang.

Cette disposition de l'art. 2102, pour être bien comprise, a besoin de quelques développements, qui viennent en préciser le sens et en déterminer la portée. Et d'abord, que faut-il entendre par le mot *ustensiles?* On comprend, en général, sous cette dénomination les instruments de travail dont se sert le fermier pour l'exploitation de la ferme, c'est-à-dire, les instruments aratoires; on doit également y comprendre les machines et outils dont le preneur fait usage pour l'exercice de sa profession ou de son industrie. Quant aux ustensiles de ménage, tout le monde reconnaît que les termes de notre article ne doivent pas s'y appliquer.

Maintenant quelle signification faut-il attacher aux expressions : *sommes dues pour ustensiles?* Il faut les prendre comme désignant aussi bien les sommes dues pour l'achat de ces ustensiles, que les sommes dues pour les réparations nécessaires, ou même simplement utiles, faites à ces objets. Ainsi le privilége sur les ustensiles ne se borne pas au cas de vente et de conservation proprement dite ; il s'étend à l'hypothèse même de simple amélioration (Valette, page 154, n° 114). Ajoutons que les sommes dues pour ustensiles sont payées, sur le prix de ces ustensiles, par préférence au propriétaire de l'immeuble, et cela sans aucune distinction entre le cas où le bailleur savait et celui où il ignorait que le marchand ou l'ouvrier étaient encore créanciers du prix de vente ou de réparation de ces objets. Cette décision n'est point en harmonie avec la règle précédemment posée, pour vider le conflit entre le bailleur de l'immeuble et le vendeur de meubles, et où l'on tenait si justement compte de la bonne ou de la mauvaise foi des parties. Mais ce n'est pas sans de sérieuses raisons que le législateur, dans l'hypothèse actuelle, a dérogé au principe qu'il venait d'appliquer. Il a pensé, sans doute, qu'il serait utile et nécessaire d'assurer au preneur, pour l'acquisition et la réparation des instruments qui sont indispensables à l'exercice de sa profession ou de son industrie, un crédit sérieux, et que l'intérêt du bailleur en profite plutôt qu'il n'en souffre, puisque ces instruments sont destinés à la création de produits et de valeurs sur lesquels s'exerce son gage.

On peut, enfin, expliquer la préférence dont jouissent les sommes dues pour ustensiles sur la créance des loyers ou fermages, par cette considération que, selon l'usage habituel, le prix des ustensiles ne se payant point comptant, le propriétaire a pu et dû savoir qu'ils n'étaient entrés dans son gage, que frappés d'un privilége préférable au sien. La dérogation apportée par le 1° de l'art. 2102 au principe formulé dans le 4° du même article consisterait alors uniquement en ceci, que la mauvaise foi est toujours présumée dans un cas, et que dans l'autre il faut la prouver.

Selon quelques auteurs (Pont, tome 1, n° 135 ;

Duranton, tome 19, n° 99), la bonne ou la mauvaise foi du bailleur, dont on ne tient aucun compte lorsque l'achat ou la réparation des ustensiles a eu lieu dans le courant du bail, doit être prise, au contraire, en considération, si cet achat ou cette réparation s'est faite a une époque où le bail n'existait pas encore. On appliquera ici par analogie la règle posée au n° 4, § 3 de l'art. 2102. Cette décision nous semble trop raisonnable pour ne pas être admise. On ne peut pas dire, en effet, dans ce cas, que le marchand qui a vendu les ustensiles, l'ouvrier qui les a réparés, aient fait l'affaire du bailleur en augmentant ou conservant son gage, puisque le bail n'existait pas encore. La seule chose qu'il puissent invoquer, c'est l'antériorité de leur droit sur les ustensiles : or, précisément cette antériorité, lorsqu'il s'agit de meubles corporels, le cède à la possession de bonne foi.

3 *Cas.* — *Conflit entre le bailleur de l'immeuble et le vendeur de semences ou ceux qui ont travaillé à la récolte.* Le bailleur d'une ferme se trouve en concours, sur les fruits de la récolte de l'année avec le vendeur, des semences, et les ouvriers qui ont travaillé à la production et à la perception de la récolte. Sur le prix de cette récolte, il est primé par le vendeur et par les ouvriers. Cela est de toute justice, car ces divers créanciers ont, en définitive, fait l'affaire du bailleur. En effet, sans leurs fournitures et sans leurs services, il n'y aurait pas eu de récolte sur laquelle le propriétaire de la ferme pût exercer son privilége.

Une question presque neuve, et pourtant essentiellement pratique, est celle de savoir si le privilége

accordé par l'art. 2102 du C. N. aux sommes dues
pour les semences et les frais de la récolte de l'année,
sur le prix de cette récolte, par préférence au propriétaire, ne s'étend pas aux fournitures pour engrais. La
plupart des auteurs, qui ont examiné la question, se
sont montrés favorables à la prétention du vendeur
d'engrais. Si l'on consulte, disent-ils, l'esprit de la loi,
la solution ne saurait être douteuse. Ne retrouve-t-on
pas ici la double considération qui a dicté la faveur
accordée aux frais de semences et de récoltes : à savoir l'intérêt général de l'agriculture, et le sentiment
d'équité qui veut que celui, dont les fournitures ou le
travail ont mis une certaine valeur dans le patrimoine
du débiteur, soit préféré sur cette valeur aux autres
créanciers. Il y a plus : le texte même de l'art. 2102,
sainement interprété, vient confirmer cette doctrine.
De ce que l'article parle d'abord des semences, et ensuite des frais de récolte, on ne peut en induire, en di-
visant ces deux termes, que l'engrais n'est pas une se-
mence, mais un amendement ; qu'il ne rentre pas non
plus dans les frais de récolte, et que par conséquent
il ne peut faire l'objet du privilége dont nous nous
occupons. En effet, en raisonnant ainsi on arriverait à
dire que les frais de labour ne sont pas privilégiés,
puisque d'une part ils ne rentrent pas dans les frais de
semences, et que d'un autre côté ils ne sont pas des
frais de récolte. Conséquence inadmissible, car le privilége des frais de labour n'a jamais été mis en doute.
Il faut donc reconnaître que le législateur, en parlant
des sommes dues pour semences, entend les sommes
dues pour faire les semences, c'est-à-dire mettre le

grain en terre. Or, parmi elles, figurent non-seulement le prix du grain semé, mais encore les frais de labourage; et le prix des engrais utiles à la production de la récolte. (Duranton, tome 19, n° 99, note 1, page 130; Dalloz, *Privil.*, n° 394. Pont, 1, page 96, n° 154)

Ce système généralement admis dans la doctrine n'a pas trouvé faveur dans la jurisprudence, et de nombreux arrêts l'ont rejeté (Caen, 28 juin 1837; Cassat., Requet., 9 nov. 1857; Amiens, 2 mai 1863). Ces décisions, malgré les critiques auxquelles elles ont donné lieu, nous semblent parfaitement fondées et nous allons essayer de les défendre.

Nous pourrions dire d'abord avec la Cour de cassation que « l'art. 2102 n'établit un droit de préférence que pour les sommes dues pour les semences et pour les frais de là récolte de l'année; que les expressions *sommes dues pour semences* ne peuvent s'entendre, dans leur sens naturel, que des sommes dues par le fermier pour prix des céréales confiées à la terre, et les expressions *sommes dues pour frais de récolte* que des sommes dues pour percevoir et recueillir les récoltes; que ce serait forcer le sens de ces termes, que de leur donner une signification telle, qu'ils comprissent toutes les sommes qui auraient été dépensées afin d'obtenir une meilleure récolte, et par exemple, pour acheter des engrais; que si le législateur avait voulu accorder un privilége au vendeur d'engrais, il s'en serait formellement expliqué, et que par conséquent l'assimiler au vendeur de semences, ce serait méconnaître la pensée de la loi, et violer ce principe, que les priviléges ne peuvent s'établir par voie d'induction et d'analogie.»

Cette manière de raisonner ne manque assurément pas de force; mais elle conduit fatalement à refuser le privilége aux ouvriers employés à la production de la récolte, ce que personne pourtant ne veut admettre. Nous croyons donc qu'il faut chercher, en dehors du texte de l'art. 2102, des fins de non-recevoir à opposer aux prétentions du vendeur d'engrais.

Si l'on examine les causes des différents priviléges, qui frappent certains meubles déterminés, on trouve qu'elles se réduisent à trois : gage exprès ou tacite, mise ou conservation d'une valeur dans le patrimoine du débiteur par le créancier. De ces trois causes, il n'y en a aucune de laquelle le vendeur d'engrais puisse faire dériver le droit de préférence qu'il prétend obtenir. Il n'a pas de gage exprès ou tacite, cela est évident. A-t-il produit ou conservé la récolte? pas davantage. Sans doute, par ses engrais, il a contribué à la rendre plus abondante et meilleure; mais le créancier qui a amélioré le patrimoine du débiteur est il privilégié comme celui qui l'a conservé? Là est la question ?

L'affirmative, au premier abord, ne paraît pas douteuse. En effet, on peut dire qu'entre la dépense de conservation, et celle d'amélioration, il n'existe qu'une différence du plus au moins. Dans l'un, et l'autre cas, les déboursés du créancier ont produit une augmentation du patrimoine du débiteur. Si donc l'objet conservé est grevé d'un droit de préférence, au profit du créancier qui a fait la dépense de conservation, il paraît tout aussi naturel que la plus-value, résultant de l'amélioration, soit employée à payer par préférence le créancier à qui elle est due. On peut, enfin, argumenter dans le même sens de l'art. 2103 n° 4, qui attribue à l'architecte et aux ouvriers un privilége sur la plus-value résultant des améliorations faites à un immeuble, et surtout de l'art. 2102 1°, 4ᵉ alinéa, qui accorde, ainsi que nous l'avons dit tout-à-l'heure, un privilége à l'ouvrier sur les ustensiles aratoires par lui réparés.

Malgré la force de ces arguments, nous ne croyons pas pouvoir suivre cette doctrine. La loi est précise et positive : elle ne déclare privilégiés que les frais faits pour la conservation de la chose. Nous ne pouvons donc étendre, par analogie, cette disposition aux simples frais d'amélioration ; car il n'y a de priviléges que ceux qui sont formellement établis par un texte. Il existe, d'ailleurs, entre les dépenses de conservation et les dépenses d'amélioration, quant on les considère, non pas sous le rapport de la faveur qu'elles méritent, mais au point de vue des objets sur lesquels elles seraient privilégiées, une différence profonde qui ne permettait pas au législateur de les mettre sur la même ligne. S'agit-il de frais de conservation, l'objet sur lequel doit porter le privilége se reconnaît sans peine : c'est la chose conservée, dans toute sa valeur. Lorsqu'il s'agit, au contraire, de frais d'amélioration, l'exercice du privilége présenterait des difficultés presque insurmontables. Il ne peut, en effet, porter que sur la plus-value résultant de l'amélioration. Or, comment déterminer rigoureusement cette plus-value? Comment, par exemple, dans l'espèce dont nous nous occupons, serait-il possible de préciser en quoi la récolte de l'année a été augmentée par l'emploi des engrais? Voilà pourquoi l'art. 2102 accorde un privilége aux frais de conservation, et n'en accorde pas aux frais d'amélioration.

Sans doute, l'architecte et les ouvriers qui ont construit une maison sont privilégiés, bien qu'ils aient simplement amélioré la chose du débiteur, l'édifice n'étant que l'accessoire du sol (2103 4°). Mais leur privilége est subordonné à l'accomplissement rigoureux de certaines formalités, destinées à constater la plus-value résultant des travaux. Or, l'art. 2102 ne contient aucune disposition du même genre. Le législateur a compris que l'emploi de formalités semblables ou équivalentes, serait, pour ainsi dire, impossible en matière de meubles, ou bien qu'il serait trop couteux eu égard aux frais qu'il s'agit de garantir. Ainsi placé dans cette alternative de léser la masse des créanciers, en grevant du privilége la totalité de la chose améliorée, ou de léser l'un d'entre eux, en ne tenant pas compte du service par lui rendu, c'est à ce dernier parti qu'il a préféré s'arrêter. S'il accorde à l'ouvrier sur les ustensiles par lui réparés un privilége, ce n'est qu'une exception introduite dans l'intérêt de l'agriculture, et qu'il ne faut pas étendre à d'autre cas que celui pour lequel elle a été admise.

En résumé, les frais d'amélioration ne sont point privilégiés. Or, s'il est vrai, ainsi que nous le pensons avec la Cour de cassation, que le marchand d'engrais ne puisse être considéré comme ayant créé, mais seulement comme ayant amélioré la récolte de l'année, il ne saurait être fondé à réclamer sur cette récolte un droit de préférence (*Revue pratique*, tome 9, page 15; *Revue critique*, tome 16, page 493 et tome 18, page 212).

Il peut arriver que, sur les fruits de la récolte de l'année ,trois créanciers se trouvent en conçours : le locateur, le vendeur des semences et les ouvriers qui ont travaillé à préparer ou à faire la récolte. Dans quel ordre devront-ils être colloqués ? Il faudra payer d'abord les ouvriers, car ce sont eux qui ont produit et conservé le gage commun ; ensuite le vendeur de semences, car il a contribué à faire entrer la récolte dans les biens du débiteur, et enfin le propriétaire de l'immeuble. Ce conflit n'a pas été réglé par la loi, mais les décisions, qu'elle nous a données, nous permettent de le résoudre d'une façon certaine.

Il n'y aura pas plus de difficultés, si l'on suppose qu'un conflit s'élève entre le bailleur et un propriétaire voisin, dans les granges duquel le fermier a porté la récolte de l'année, que les bâtiments de la ferme étaient insuffisants à contenir. Le bailleur de la ferme sera primé par le propriétaire de la grange, qui lui a ainsi conservé son gage.

D'après l'art. 1er de la loi du 12 nov. 1808, le trésor public a un privilége avant tout autre, pour la contribution foncière de l'année échue et de l'année courante, sur les récoltes, fruits, loyers et revenus des biens immeubles sujets à la contribution. Le bailleur sera donc primé sur ces biens par le privilége du trésor.

DEUXIÈME SECTION.

Rang du privilége du bailleur en concours avec les priviléges généraux de l'art. 2101.

Nous venons de déterminer le rang qui appartient au privilége du bailleur, vis-à-vis des autres priviléges spéciaux mobiliers de l'art. 2102. Il nous reste maintenant à rechercher la place qu'il doit tenir, lorsqu'il se trouve en concours avec les priviléges généraux de l'art. 2101. Nous sommes, ainsi, directement amenés, par l'étude spéciale du privilége dont nous nous occupons, à l'examen de cette question plus large du classement des priviléges spéciaux et des priviléges généraux concourant ensemble.

Cette question, que le législateur n'a pas pris le soin de résoudre, est une de celles qui ont soulevé le plus de difficultés et donné lieu, dans la doctrine et la jurisprudence, aux plus vives controverses et aux décisions les plus opposées.

Un point, cependant, qui n'est contesté par personne, et qu'il faut dès l'abord écarter du débat, c'est la prééminence des frais de justice sur toutes les autres créances privilégiées. Ces frais ont pour but de constater, conserver et convertir en argent les meubles du débiteur, afin d'en distribuer le prix entre ses créanciers. N'est-il pas, dès lors, de toute justice que celui qui a fait des dépenses, pour conserver et utiliser le gage commun, obtienne la préférence sur les autres créanciers, auxquels il a ainsi épargné l'avance de frais indispen-

sables à l'exercice et à la réalisation de leurs droits ?
Mais, remarquons-le bien, les frais de justice ne sont privilégiés, et privilégiés vis-à-vis de tout le monde, qu'autant qu'il ont été avantageux à la masse. Ont-ils été faits dans un intérêt purement individuel, par exemple, pour procurer au créancier un titre exécutoire, ils ne jouissent pas du privilége, car il n'y a pas de raison pour le leur accorder ; le seul droit de préférence qu'on puisse leur reconnaître, c'est celui qui appartient à la créance elle-même, en faveur de la quelle ils sont intervenus.

Si les frais de justice, utiles aux créanciers, en général, ne l'ont pas été à quelques-uns d'entre eux, ils ne sont pas privilégiés à l'égard de ceux-ci. Supposons, par exemple, que, dans un ordre ouvert sur le prix d'un immeuble, un créancier se plaigne de ce que le juge-commissaire, dans l'état de collocation par lui provisoirement dressé, ait fait figurer un autre créancier pour une somme supérieure à celle qui lui est due, ou dans un rang qui ne lui appartient pas, cette contestation intéresse beaucoup les créanciers qui, de même que le réclamant ne viennent qu'après la créance contestée ; elle est au contraire indifférente pour les créanciers antérieurs. Les frais en devront donc être privilégiés par rapport aux premiers, et non pas par rapport aux seconds. C'est ce qu'exprime très-bien l'art. 768 C. pr. civ. : Les frais de l'avoué, qui a représenté les
» créanciers postérieurs en ordre d'hypothèque aux
» collocations contestées, peuvent être prélevés sur ce
» qui reste de deniers à distribuer, deduction faite de

» ceux qui ont été employés à payer les créanciers
» antérieurs. »

Nous trouvons, dans l'art. 662 du même Code, et relativement au bailleur, une application remarquable du même principe. Suivant cet article, lorsque les meubles d'un locataire ont été saisis et vendus à la requête de ses créanciers, les frais qui sont faits pour opérer la distribution du prix de vente, sont prélevés par privilége, avant toute créance, autre que celle pour loyers dus au propriétaire. Si ces frais de justice ne sont pas privilégiés à l'égard du bailleur, c'est que pouvant, aux termes de l'art. 661, faire statuer sur son privilége par une simple procédure de référé, et avant toute distribution par contribution, il ne profite pas des frais occasionnés par cette dernière procédure.

De même les frais relatifs aux scellés et à l'inventaire du mobilier du preneur seront primés par le propriétaire, car ils lui sont inutiles. Il trouve, en effet, dans la quasi-possession des meubles garnissant les lieux, et dans le droit de les revendiquer même entre les mains des tiers, une garantie suffisante contre le détournement de son gage. Telle était déjà la décision donnée dans notre ancienne jurisprudence, ainsi que l'atteste un acte de notoriété du Châtelet de Paris du 4 août 1692 (V. *Contra*, Pont, *Privil.*, tome 1, page 147, n° 179).

Les frais de saisie et de vente, au contraire, ont la préférence sur le privilége du bailleur, car ils sont faits dans son intérêt, puisqu'ils lui procurent son payement.

Avec les principes que nous venons d'établir, toutes

les questions de préférence entre les frais de justice et les priviléges spéciaux sont faciles à résoudre. Malheureusement les plus graves difficultés s'élèvent à propos du conflit entre les priviléges spéciaux et les autres priviléges généraux de l'art. 2101. C'est sur ce point qu'éclatent les divergences et les controverses dont nous avons parlé.

Dans un premier système, on donne la préférence aux priviléges généraux sur les priviléges spéciaux. Les priviléges indiqués dans les quatre derniers paragraphes de l'art. 2101, sont, en effet, de leur nature, éminemment favorables. Ils sont fondés sur des considérations d'humanité puissantes : assurer au débiteur malheureux une sépulture décente et convenable; lui donner pendant sa vie un crédit qui lui permette d'obtenir les choses nécessaires à ses besoins de chaque jour ; de trouver, quand il est malade, des soins et des remèdes; garantir aux personnes, dont le travail est le seul moyen d'existence, le payement de leurs gages : voilà le but élevé et généreux que le législateur s'est proposé d'atteindre. Pour y parvenir, il déclare d'abord privilégiés sur la généralité des meubles les frais funéraires, les frais de la dernière maladie, les salaires des gens de service et les fournitures de subsistances. Il va plus loin : il étend à la généralité des immeubles eux-mêmes le privilége dont sont investies ces créances. Enfin, il veut que, dans l'hypothèse où elles viendraient à se rencontrer sur ces mêmes immeubles, en concours avec des créances revêtues d'un privilége spécial, elles soient payées les premières. Un créancier qui a, à la fois, pour garantie la généralité des meubles et des immeubles, et qui, d'après un texte de loi positif, prime les priviléges spéciaux sur les immeubles, ne doit-il pas également primer les priviléges spéciaux sur les meubles ?

Ces raisons ne manquent pas de gravité : nous ne croyons pas, cependant, devoir nous ranger à ce système. Sans doute, des considérations d'humanité faciles à comprendre commandaient d'accorder une grande faveur aux créances de l'art, 2101. Mais peut-on affirmer, à première vue, dans une matière, où tant d'intérêts se trouvent en présence, que le législateur ait voulu faire passer ces considérations avant toutes les autres, avant l'intérêt et les nécessités du crédit, par exemple? Ce n'est pas l'humanité, que je sache, qui a fait établir la prééminence des frais de justice. L'art. 2101 les énumère, cependant, au premier rang des créances privilégiées.

Est-il plus sûr de voir, dans le caractère de généralité que la loi confère à certains priviléges, la preuve de son intention de les préférer à tous autres ? pas davantage. Si les priviléges de l'art. 2101 sont généraux, et ceux de l'art. 2102 sont spéciaux, cela tient à la nature des choses, et non au plus ou moins de faveur que méritent ces deux classes de priviléges. Les premiers sont généraux, parce qu'il n'existe aucune raison de les établir sur un bien plutôt que sur un autre. Les seconds sont spéciaux, à raison de la spécialité même qui les engendre. Ces priviléges, en effet, étant fondés sur l'idée d'un gage exprès ou tacite, ou sur celle d'une création ou conservation de valeur dans le patrimoine du débiteur, ne peuvent exister que sur la chose dont le créancier est nanti ou qu'il a fait entrer et qu'il a conservée dans la masse commune. La qualité de général ou de spécial ne donne donc point la mesure de la faveur que la loi accorde aux priviléges : dès lors, on n'en peut rien conclure quant à leur classement.

Une simple observation lèvera à cet égard tous les doutes. Tout le monde reconnaît que le privilége des frais de justice n'est général qu'autant que les frais qu'il garantit ont eu pour objet la généralité des biens du débiteur. N'ont-ils procuré qu'un avantage particulier à certains créanciers, n'ont-ils protégé qu'une fraction du patrimoine? le privilége sera spécial comme sa cause. Or, lorsque les frais de justice sont spéciaux, le privilége qui en assure le payement est-il, à raison de sa spécialité, rejeté au dernier rang des priviléges? Personne n'admet cette conséquence : la spécialité d'un privilége n'est donc pas une preuve de son infériorité.

Quant à l'argument que l'on tire de l'art. 2105, qui donne aux priviléges généraux la prééminence sur les priviléges spéciaux immobiliers, il a, en réalité, beaucoup moins de force qu'on ne lui en croirait, au premier abord. Le droit accordé aux priviléges généraux n'est pas, en effet, exactement le même sur les meubles et sur les immeubles. Sur les meubles, il est principal ; sur les immeubles il n'est que subsidiaire. Ce n'est qu'à défaut de mobilier, et après avoir discuté ce mobilier, que la loi les admet à faire valoir leur droit sur les immeubles. C'est donc dans le mobilier que réside véritablement leur gage ; les immeubles ne sont affectés du privilége que secondairement. Le motif de ce recours subsidiaire est facile à saisir. Les créances de l'art. 2101 sont, en général, modiques ; ayant déjà touché le prix du mobilier quand elles viennent sur les immeubles, elles ne prendront que peu de chose, et ne feront guère de tort aux priviléges spéciaux sur ces immeubles. Si, au contraire, on les faisait concourir avec un privilége spécial sur les meubles, elles absorberaient son gage, et ce créancier se trouverait complétement frustré ; car il n'a pas de recours sur les immeubles. Ce n'est donc pas un argument *a pari* que l'art. 2105 peut fournir aux priviléges généraux, en concours avec les priviléges spéciaux mobiliers ; c'est plutôt un argument *e contrario* qu'on en peut tirer. La loi, dira-t-on, leur a expressément accordé la préférence sur les priviléges spéciaux immobiliers ; elle n'a rien dit de semblable à l'égard des priviléges spéciaux mobiliers ; c'est la preuve qu'elle n'a pas voulu donner ici la même décision.

Ainsi donc nous croyons que les priviléges généraux compris dans les quatre derniers numéros de l'art. 2101, doivent céder le pas aux priviléges spéciaux de l'art. 2102. Ce classement n'a rien d'arbitraire, il ressort des principes généraux de notre législation et de l'esprit dans lequel la théorie des priviléges a été conçue. Les priviléges spéciaux se rattachent tous, en effet, à l'une ou à l'autre de ces deux causes ; mise ou conservation d'un objet dans le patrimoine du débiteur ; nantissement exprès ou tacite. Le privilége accordé aux créanciers, qui ont mis ou conservé dans les biens du débiteur l'objet mobilier

sur lequel ils veulent se faire payer, est absolument
de la même nature que celui dont jouissent les frais
de justice. Les officiers ministériels, le vendeur, et
l'ouvrier qui a fait des dépenses nécessaires sur une
chose menacée de périr, ont tous, chacun à son point
de vue, fait ou déboursé quelque chose, dans l'intérêt
des autres créanciers. Chacun d'eux reçoit, pour ce
motif, un privilége destiné à assurer le payement de
ce qui lui est dû. Les priviléges, qui les protégent, tenant à la même cause, doivent être traités de la même
manière. Or, les frais de justice l'emportent sur les
autres priviléges généraux ; il ne peut donc en être
autrement des priviléges du vendeur et de l'ouvrier.
Ce résultat, d'ailleurs, n'est-il pas raisonnable, lorsque
les dépenses, qui ont mis ou conservé la chose dans le
patrimoine du débiteur, ont été faites postérieurement à
l'origine de la créance garantie par le privilége général? L'intérêt bien entendu des priviléges généraux
ne commande-t-il pas, après tout, qu'on leur préfère
certains créanciers, afin d'encourager les dépenses
faites pour la conservation ou l'augmentation des biens
de leur débiteur?

Quant aux créanciers dont le privilége repose sur
un gage exprès ou tacite, ils ont tous une possession
plus ou moins complète des objets qui forment leur
garantie. Cette possession, jointe à la bonne foi, les
protége contre le droit de propriété lui-même
(art. 2279). Elle doit, à plus forte raison, les garantir
contre l'exercice de tout droit moins étendu que le droit
de propriété, et, par conséquent, de tout privilége,
quelle que soit sa nature. Ne serait-ce pas, d'ailleurs,

porter au crédit la plus profonde atteinte, que de permettre à certains créanciers de se faire payer de ce qui leur est dû sur les gages expressément stipulés par d'autres.

A l'appui de cette doctrine, on peut invoquer l'art. 2073 C. N., qui appelle le gagiste avant les autres créanciers, c'est-à-dire avant tout autre créancier, puisque la loi ne limite, par aucune réserve, l'étendue du privilége dont elle l'investit. Mais c'est, dans l'étude attentive des droits accordés au bailleur, que se trouve la justification la plus éclatante du système que nous défendons. Et d'abord, si l'on se place au point de vue des considérations d'humanité, il est certain que le privilége du bailleur n'a rien à craindre de la comparaison avec les priviléges généraux de l'art. 2101. Est-il moins nécessaire au débiteur d'être logé que d'être nourri?

Revient-on maintenant à l'examen des textes ? la prééminence du privilége spécial du bailleur ne saurait être plus douteuse. Aux termes des art. 661 et 662, Proc. civ., le propriétaire de l'immeuble peut, sans attendre la procédure de distribution des deniers provenant de la vente des meubles, faire statuer préliminairement sur son privilége pour loyers à lui dus, et se faire ainsi colloquer avant les frais de distribution. Voici donc un cas où le privilége spécial obtient la préférence sur le privilége général.

Mais cette préférence, qu'obtient le bailleur sur les frais de poursuite, doit exister, à plus forte raison, vis-à-vis des autres créances privilégiées de l'art. 2101, puisque le privilége des frais de justice l'emporte sur tous les autres priviléges généraux. Comment, au surplus, permettre au propriétaire de faire ainsi sa part le premier, s'il n'était pas réellement le premier de tous, s'il devait laisser passer avant lui toute la cohorte des priviléges généraux? On objecte, il est vrai, qu'en argumentant ainsi des art. 661 et 662, on dépasse le but, puisqu'on arriverait à dire, contrairement à plusieurs décisions formelles de l'art. 2102, que le propriétaire doit être colloqué avant tous les autres créanciers, sans distinction. A cela on peut répondre que les rédacteurs du Code de procédure, avec leur expérience pratique, ont très-bien pu ne pas se préoccuper des cas très-exceptionnels, où le propriétaire bailleur est primé par d'autres privilégiés spéciaux, tandis qu'il n'est nullement probable qu'ils aient oublié l'existence des priviléges généraux, dont l'apparition est si fréquente dans la distribution du prix des biens d'un débiteur.

La loi du 1er germinal an XIII, loi postérieure au Code Napoléon, et qui a dû en reproduire la doctrine générale, vient nous fournir un argument du même genre, mais peut-être plus décisif encore. D'après l'art. 47 de cette loi, la régie des contributions indirectes a un privilége général qui prime toutes les autres créances, à l'exception des frais de justice et *de ce qui est dû pour six mois de loyers.*

Cet article est évidemment conçu d'après cette donnée, que la créance des loyers, comme celle des frais de justice, doit primer toutes les autres créances, même garanties par des priviléges généraux.

Ainsi, en résumé, les priviléges spéciaux, et, notamment, le privilége du bailleur, doivént primer, sur les objets mobiliers qui leur sont affectés, les priviléges généraux de l'art. 2101 autres que les frais de justice. (Pigeau, tome 2, page 184; Persil, art. 2101 et Quest.; tome 1, page 59; Dalloz, n° 10; Valette, n° 119; Demante *Thémis*, tome 6, page 255; Duranton, tome 19, n° 205; Zachariæ, tome 2, page 217; Taulier, tome 7, page 192; Paris, 27 nov. 1814; Lyon, 27 mars 1821; Rejet, 21 août 1821 ; Lyon, 13 décembre 1825; Rouen 17 février 1826; Paris, 25 février 1852; Lyon, 1er avril 1841 ; Rejet, 20 mars 1849; Lyon, jug., 29 juil. 1863; Cass., chambre civile, arrêt, 19 janvier 1064).

Relativement aux frais funéraires, l'acte de notoriété du Châtelet de Paris, du 4 août 1692, déclarait que les frais de premier ordre priment le propriétaire de l'immeuble ; Pothier enseignait la même doctrine. Quant aux frais funéraires de second ordre, qui ne sont pas, comme l'enlèvement et l'ensevelissement du corps, d'une nécessité absolue , ils devaient , comme tous les autres priviléges généraux, passer après les loyers dus au propriétaire. Quelques auteurs dans notre droit actuel, font une distinction analogue. Les frais funéraires indispensables doivent, selon eux, primer le bailleur, lorsque le locataire ou fermier est décédé dans les lieux par lui occupés à titre de bail. En pareil cas, on peut dire que ces frais ont servi au propriétaire, qui a besoin de reprendre la libre possession de sa maison ou de sa ferme ; mais ils n'admettent pas cette décision, quand le preneur est mort dans une maison étrangère. Nous ne croyons pas, pour notre part, que ces décisions doivent être admises aujourd'hui. Les motifs de nécessitéque reconnaissaient nos anciens (*débarrasser la maison d'un cadavre*) ne peuvent plus être invoquée, depuis que de sages mesures de police ont assuré, même aux pauvres, une inhumation décente (décr. du 16 mars 1806), ainsi que le fait très-justement remarquer M. Sévin (*Revue critiq.*, tome 16, page 493, et tome 18, page 212.)

Remarquons, en terminant, que le bailleur sera primé sur les meubles de son locataire ou fermier par le privilége du trésor public. Aux termes de l'art. 1 de la loi du 12 nov. 1808, le trésor, en effet, a un privilége avant tout autre, sur tous les meubles des redevables pour l'année échue et l'année courante des contributions mobilière, des portes et fenêtres, des patentes et de toute autre contribution directe et personnelle.

POSITIONS.

DROIT ROMAIN.

I. L'action Servienne a-t-elle pour auteur Servius Sulpicius ? Non, elle existait avant lui.

II. L'interdit Salvien n'a-t-il pas été étendu, sous le nom de Quasi-Salvien, à d'autres personnes qu'au bailleur de fonds ruraux ? Non.

III. L'interdit Salvien peut-il s'exercer contre les tiers détenteurs ? Oui.

IV. La loi 2, liv. XLIII, titre 33, au Dig., peut-elle se concilier avec la loi 10, liv. xx, titre 1, Dig.? Oui.

V. La loi 9, liv. xx, titre 4, Dig., n'est-elle point en contradiction avec la loi 11, § 2, liv. xx, titre 4, Dig.? Non.

DROIT FRANÇAIS.

I. Le privilége du bailleur de bonne foi l'emporte-t-il sur la revendication du vendeur de meubles? Oui.

II. Le vendeur d'engrais a-t-il, comme le vendeur de semences, un privilége préférable à celui du bailleur ? Non.

III. Le privilége du bailleur doit-il l'emporter sur les priviléges généraux de l'art. 2101, autres que les frais de justice? Oui.

IV. Le bailleur peut-il, alors que les objets mobiliers laissés dans la maison ou la ferme sont suffisants pour sa garantie, revendiquer ceux qui en ont été enlevés sans son consentement? Oui.

V. Les créanciers du preneur, qui usent du droit de relocation, doivent-ils nécessairement relouer pour le restant du bail? Non.

DROIT CRIMINEL.

I. La résistance constitue-t-elle un délit, lorsqu'elle repousse l'exécution d'un acte irrégulier ou arbitraire ? Non.

II. L'action en répression du délit d'adultère, une fois mise en mouvement par la plainte du mari, peut-elle être arrêtée par sa mort? Non.

DROIT DES GENS.

I. L'individu, condamné en pays étranger pour avoir entretenu une concubine dans le domicile conjugal, est-il déchu du droit de dénoncer en France l'adultère de sa femme? Non.

II. La femme étrangère a-t-elle, comme la femme française, une hypothèque légale sur les immeubles situés en France, qui appartiennent à son mari? Oui ,

pourvu que son statut personnel lui donne une hypothèque.

DROIT ADMINISTRATIF.

Le locataire d'un immeuble exproprié a-t-il droit
à une indemnité, quoique son bail ne soit pas authentique ou n'ait pas acquis date certaine, antérieurement
au jugement d'expropriation? Oui.

Le bailleur peut il prétendre à un droit de préférence sur l'indemnité accordée par le jury à son locataire, en cas d'expropriation pour cause d'utilité publique? Non.

Permis d'imprimer :
Le vice-recteur,
A. MOURIER.

Vu par le Président de la thèse,
doyen de la Faculté,
A. PELLAT.

Paris. — Imprimerie de E. Donnaud, rue Cassette, 9.